Ri

Catherine Upchurch

Traducido por
Luis Baudry-Simón

LITURGICAL PRESS
Collegeville, Minnesota

litpress.org

Nihil Obstat: Rev. Robert C. Harren, J.C.L., *Censor Librorum*
Imprimátur: ✠ Most Rev. Patrick M. Neary, C.S.C., Bishop of St. Cloud, August 27, 2024

Diseño de portada por Monica Bokinskie. Arte de portada cortesía de Getty Images.

ISSN: 2692-6237 (edición impresa)

ISSN: 2692-6245 (edición en línea)

ISBN: 979-8-4008-0047-4 979-8-4008-0048-1 (e-book)

Introducción

Durante treinta años, al entrar y salir de mi oficina a diario, veía, justo encima del picaporte de la puerta, estas palabras del Rabino Abraham Heschel: *No hay pruebas de la existencia de Dios. Sólo hay testigos.*

Las palabras de Heschel me recordaban que la fuerza de la presencia de Dios en nuestras vidas proclama no sólo la existencia de Dios, sino su propia naturaleza. Nuestras vidas se convierten en una invitación a los demás para que se encuentren con el Dios que conocemos.

Pienso en la resurrección de Jesús de una manera similar. No existen relatos de primera mano sobre la resurrección en sí. No sabemos si Jesús fue levantado por la mano de su Padre o simplemente despertó por sí mismo, si se quitó él mismo los lienzos o si los ángeles lo hicieron por él. No sabemos si la resurrección fue un acontecimiento silencioso o si hizo temblar los sepulcros circundantes. Pero lo que *sí* sabemos es lo que presenciaron los seguidores de Jesús: su presencia física días después de morir y ser enterrado, su voz familiar, su compasión al darles de comer cuando llegaban después de una larga noche de pesca, su manera familiar de interrogarlos para ayudarlos a comprender, su autoridad para enviarlos a compartir la Buena Nueva.

Es costumbre abstenerse de cantar o pronunciar "Aleluya" durante todo el tiempo de Cuaresma. En algunas parroquias, por un período de cuarenta días, se oculta o se sepulta la palabra que significa literalmente "Alabado sea el Señor", y luego se desentierra justo antes de la Vigilia Pascual y se proclama como un estallido de alegría tras un tiempo de autoexamen y arrepentimiento. La primera generación de creyentes debió de sentir al principio que su razón para alabar a Dios había sido sepultada con Jesús, junto con sus expectativas y esperanzas. Sepultar y desenterrar el "Aleluya" es un gesto simbólico destinado a ayudarnos a nosotros también a anhelar la Buena Nueva y la vida nueva.

El acontecimiento de la Pascua y todo el Tiempo de Resurrección de cincuenta días son un llamamiento a dar testimonio de lo que hemos visto y oído y sabemos que es verdad: que morir y la muerte nunca tienen la última palabra.

¡Que suene el "Aleluya"!

Catherine Upchurch

REFLEXIONES

20 de abril:
Domingo de Pascua de la Resurrección del Señor

¿Ver es creer?

Lecturas: Hch 10, 34a. 37-43; Col 3, 1-4 o 1 Cor 5, 6b-8; Jn 20, 1-9 o Lc 24, 1-12

Escritura: Entonces entró también el otro discípulo, el que había llegado primero al sepulcro, y vio y creyó . . . (Jn 20, 8)

Reflexión: ¿Alguna vez has corrido al hospital al enterarte de que un familiar va a dar a luz? ¿O has llegado temprano a una boda para encontrar un buen lugar donde sabes que podrás ver los rostros de los novios cuando intercambien sus votos? No dudarías de que el matrimonio o el nacimiento habían tenido lugar si los demás te lo contaran, pero hay algo fuerte, algo tangible e intangiblemente poderoso, en ser testigo de primera mano.

En el relato de Juan sobre el sepulcro de Jesús, María Magdalena es la primera en ver que ha ocurrido algo inesperado: la piedra que cubría la entrada del sepulcro se ha movido. Corre hacia la casa donde estaban Simón Pedro y "el otro discípulo, a quien Jesús amaba", quienes salen corriendo hacia el lugar para verlo por sí mismos. Toda esta actividad en las primeras horas de la mañana revela tres cosas: un sepulcro vacío, lienzos en el suelo y el sudario que había cubierto la cabeza de Jesús, doblado.

Hay un dicho que dice "ver para creer", pero que ese dicho sea cierto depende del vidente. Un oficial romano o un turista visitante que no sepa nada del hombre allí sepultado podría decir que estos objetos son signos de profanación o de robo de tumbas. Pero los seguidores de Jesús ven algo muy diferente. ¡Ven pruebas de vida! Han sido formados por el tiempo que han pasado en presencia de Jesús, por sus palabras y obras, y por las semillas de esperanza que él ha plantado en ellos. Habiendo sido testigos de lo que fue en vida, no dudan de que es capaz de vencer a la muerte. Ven y creen. Ahora deben dar testimonio.

Meditación: En los Hechos de los Apóstoles, Pedro dice en nombre de los discípulos: "Nosotros somos testigos de cuanto él hizo" (10, 39). Lo que Jesús hizo invita a sus seguidores a ver quién es y a proclamarlo en sus actos. Su ministerio de sanación y enseñanza en su nombre después de la resurrección presenta a Jesús a personas que nunca lo vieron. ¿Cómo pueden reflejar nuestras vidas lo que hizo Jesús? ¿Sabrán los demás quién es Jesús gracias a nosotros?

Oración: Oh Señor del sepulcro vacío, danos ojos para verte incluso cuando todo parece perdido. Haznos testigos del poder de la vida sobre la muerte.

Temor y alegría

Lecturas: Hch 2, 14. 22-23; Mt 28, 8-15

Escritura: . . . las mujeres se alejaron a toda prisa del sepulcro, y llenas de temor y de gran alegría . . . "No tengan miedo. Vayan a decir a mis hermanos que se dirijan a Galilea. Allá me verán". (Mt 28, 8. 10)

Reflexión: La respuesta de las mujeres al mensaje del ángel de que Jesús ha resucitado me parece perfectamente razonable. ¿Quién no se asustaría al ver el sepulcro vacío y hablar con ángeles? ¿Quién no se alegraría también al imaginar que Jesús está vivo, que ha resucitado?

Sabemos por experiencia propia que el temor y la alegría pueden existir en nosotros como compañeros: ser padres por primera vez, ser ascendidos con nuevas responsabilidades, poner a prueba las habilidades en una gran aventura e incluso afrontar la muerte tras una larga y agotadora enfermedad. Dios conoce el corazón humano y nos da la sabiduría para contener ambas realidades, el temor y la alegría, hasta que puedan convertirse en valor.

Jesús resucitado parece saber que sus seguidores necesitarán ese valor para seguir adelante, y por eso les pide que se reúnan con él en Galilea. Este es el lugar donde encontraron por primera vez el valor para salir de sus zonas de confort y seguir a un hombre cuyo mensaje encarnaba todo lo que deseaban. Allí se recordará a los discípulos (y también a las mujeres seguidoras, estoy segura) su llamada a seguir a Jesús. Y allí, en Galilea, donde se encontraron por primera vez con Jesús, verán por sí mismos al Señor resucitado. Allí se les dará el valor de proclamar lo que saben que es verdad: Jesús ha vencido a la muerte, no sólo por sí mismo, sino por todos nosotros.

Meditación: ¿A dónde volverías para redescubrir el comienzo de tu camino con Jesús? ¿Al barrio o la parroquia de tu juventud? ¿Al lugar de un retiro importante de la escuela secundaria? ¿A la universidad en la que te planteaste si creer o no? ¿Al hospital donde una enfermedad grave amenazó tu vida o la de un ser querido? No hay nada mágico en estos lugares en sí, pero hay algo profundamente reafirmante y desafiante en encontrarse con Jesús de nuevo, como por primera vez.

Oración: Señor del sepulcro vacío, transforma nuestros temores y alegrías en valor para proclamar tu victoria sobre la muerte.

Soltando el control

Lecturas: Hch 2, 36-41; Jn 20, 11-18

Escritura: Jesús le dijo: "¡María!" . . . "Déjame ya . . . ". (Jn 20, 16-17)

Reflexión: María Magdalena había estado con Jesús durante todo su ministerio y, según el Evangelio de Lucas, ayudó a proporcionar los recursos que él y sus seguidores necesitaban durante su ministerio (8, 1-3). Estaba completamente comprometida, como diríamos hoy: "se entregó por completo". Incluso permaneció con él durante su crucifixión y sepultura. Podemos imaginar el dolor que sintió al verlo morir, y la absoluta confusión en que se sumió al descubrir el sepulcro vacío.

En una de las escenas más conmovedoras del Nuevo Testamento, María llora mientras busca el cuerpo de Jesús: " . . . se han llevado a mi Señor y no sé dónde lo habrán puesto" (Jn 20, 13). Jesús es su amigo, sanador y maestro, pero lo más importante es que es su Señor. Se le ha arrancado algo que parecía parte de ella. Cuando habla el Señor resucitado, primero simplemente dice su nombre, y ella lo reconoce (como las ovejas reconocen la voz del pastor; Jn 10, 27). Entonces, en lo que podría parecer brusco o incluso falto de sensibilidad, Jesús le ordena que lo deje.

Al igual que anteriormente Jesús había liberado a María Magdalena de los demonios y la había capacitado para seguirlo, ahora la libera de lo que podría convertirse en un apego malsano a la manera en que eran las cosas. Todo el ministerio de Jesús ha demostrado que nada permanece igual al encontrarse con él: los ciegos ven, los cojos caminan, los ignorantes son instruidos. Ahora, en este crudo momento de reconocimiento, Jesús libera a María para que vaya a su encuentro y esté con él de un modo nuevo. Su vida dará testimonio de su resurrección.

Meditación: En el fondo de nuestro corazón, anhelamos estar a salvo, ser amados y estar íntimamente unidos a los demás. Saber cuándo desprenderse de una manera de amar para dar la bienvenida a otra nueva es una tarea difícil. Incluso las cosas buenas acaban asfixiándonos si nos aferramos a ellas con demasiada fuerza. ¿En qué áreas podría estar Jesús resucitado pidiéndote que sueltes el control para que pueda surgir algo nuevo en ti?

Oración: Oh Señor del sepulcro vacío, no permitas nunca que nuestra nostalgia del pasado nos impida avanzar hacia el futuro.

Alimentados por la Palabra y la Eucaristía

Lecturas: Hch 3, 1-10; Lc 24, 13-35

Escritura: "¡Con razón nuestro corazón ardía, mientras nos hablaba por el camino y nos explicaba las Escrituras!". (Lc 24, 32)

Reflexión: Cuando nos reunimos para la Misa, ya sea en nuestras parroquias o junto a la cama de un familiar enfermo, nos alimentamos tanto en la mesa de la Palabra como en la mesa de la Eucaristía. Este conmovedor episodio de los discípulos viajando a Emaús ilustra maravillosamente la conexión entre ambos.

Solemos centrarnos en cómo se abren los ojos de los discípulos cuando Jesús toma, bendice, parte y comparte el pan con ellos, un recordatorio de las mismas acciones que Jesús llevó a cabo cuando alimentó a las multitudes (Lc 9, 16) y un presagio de cómo las generaciones futuras harán presente para siempre a Jesús resucitado. Es fundamental establecer estas conexiones. Pero ¿qué predispone a los desanimados discípulos a reconocer a Jesús al partir el pan? Su *palabra*: la forma en que escuchó sus anhelos a lo largo del camino y los abordó con una enseñanza sólida, abriéndoles las Escrituras.

Quienesquiera que fuesen estos discípulos, y a pesar de que se les habló del sepulcro vacío, estaban profundamente angustiados ("Nosotros esperábamos que él sería el libertador de Israel") por no poder ver a Jesús ni el tipo de redención que ofrecía. Jesús podría haber dicho simplemente: "¡Soy yo, el que está aquí con ustedes!", pero en lugar de eso, Jesús prefirió escuchar sus esperanzas frustradas. Y al escuchar, Jesús sabía que necesitaban sus palabras y sus acciones para revelar la viva presencia de Dios con ellos mientras caminaban.

Cada vez que nos reunimos para celebrar la Misa, se nos brinda esa misma oportunidad: reflexionar sobre nuestras esperanzas y sueños, identificar cómo Jesús sigue dando vida a las Escrituras, y recibir el pan y el vino de su Cuerpo y de su Sangre.

Meditación: En los momentos en que las esperanzas frustradas te han causado angustia o te han hecho preguntarte: *¿Dónde está Dios?* ¿Cómo se ha manifestado la presencia de Dios en tu vida durante esos momentos? La Pascua es un tiempo para la revelación, para recibir la capacidad de Dios de alimentarnos de palabra y obra, incluso en medio de la confusión o la incredulidad.

Oración: Oh Señor del sepulcro vacío, que así como tú nos escuchas, nosotros aprendamos a escucharte.

El don de la paz

Lecturas: Hch 3, 11-26; Lc 24, 35-48

Escritura: . . . se presentó Jesús en medio de ellos y les dijo: "La paz esté con ustedes". Ellos, desconcertados y llenos de temor, creían ver un fantasma. (Lc 24, 36-37)

Reflexión: No puedo evitar imaginar que estoy presente en la escena de cada encuentro posterior a la resurrección que escucho o leo. No me cuesta imaginar la confusión, el terror, el miedo y la alegría de los seguidores de Jesús. El hombre que los llamó a dejarlo todo y seguirlo había sido condenado a muerte, ¡pero sigue vivo! Y sabe lo que necesitan: paz.

Si bien un saludo de paz puede haber sido común en el mundo antiguo, Jesús no solo está saludando a los que encuentra; les está *regalando* una paz que permanece. En hebreo, la palabra para paz es *shalom,* y significa "totalidad". Podríamos imaginarnos que *shalom* es un plato roto que ha sido restaurado maravillosamente: los pedazos pegados de forma tan segura que el plato es incluso más fuerte de lo que era antes de romperse.

Piensa en los discípulos que viajaban a Emaús. Rotos por sus esperanzas frustradas, el Señor resucitado los sanó y los hizo más fuertes. Sus palabras y acciones les dieron paz. Los discípulos del Evangelio de hoy han escuchado el testimonio de los viajeros de Emaús y, para asegurarse de que lo han entendido, Jesús resucitado se presenta en medio de ellos y les ofrece la paz.

Me río al pensar cuántas veces se ofrece la paz de Dios cuando y donde el sentimiento más natural es cualquier cosa menos la paz. Tal vez Jesús ofrece *shalom* como un reconocimiento de los sentimientos de sus seguidores, sabiendo que los hará pasar de los sentimientos superficiales a un conocimiento profundo, el tipo de conocimiento que nos hace completos y sana lo que está roto.

Meditación: La letra del himno "Estoy bien con mi Dios" fue escrita por Horatio Stafford, un hombre de negocios de Chicago que quedó arruinado por el incendio de Chicago de 1871. Dos años después del incendio, envió a su esposa y a sus cuatro hijas a Inglaterra, donde iban a participar en labores de evangelización. Un naufragio acabó con la vida de sus hijas. En su travesía a Inglaterra para reunirse con su esposa, escribió la letra del ahora amado himno, dando testimonio de la profunda paz que invadía su vida incluso en medio de una terrible tragedia. ¿Dónde podría estar surgiendo esta paz/santidad/conocimiento profundo en tu vida?

Oración: Señor del sepulcro vacío, que tu paz sea nuestro cimiento.

Revelación a través de lo conocido

Lecturas: Hch 4, 1-12; Jn 21, 1-14

Escritura: Y ninguno de los discípulos se atrevía a preguntarle: "¿Quién eres?", porque ya sabían que era el Señor. (Jn 21, 12)

Reflexión: Jesús no se cansa de manifestarse. En sus encuentros posteriores a la resurrección, se basa en patrones conocidos para revelarse. Llama a María Magdalena por su nombre para que reconozca su voz; enseña con autoridad y comparte el pan y el vino para que los discípulos que viajan fuera de Jerusalén lo reconozcan; se aparece a sus discípulos en lugares conocidos como Galilea o el cenáculo de Jerusalén donde compartieron su última cena; y en el Evangelio de hoy, Jesús se encuentra con los discípulos pescadores en la orilla e incluso les prepara una comida.

Tenemos una relación interesante con lo conocido. Por un lado, cuando algo nos resulta conocido, es fácil que lo pasemos por alto o no lo escuchemos. Esto sucede, por ejemplo, cuando a lo largo de nuestras vidas escuchamos las historias de la Escritura a lo largo del ciclo litúrgico de tres años. Un pasaje podría llegar a resultarnos tan conocido que, en esencia, dejemos de escucharlo. También ocurre cuando estamos ocupados buscando sucesos extraordinarios en lugar de encontrar lo extraordinario en lo ordinario. El escritor inglés G.

K. Chesterton dice que debemos "aprender a mirar las cosas conocidas hasta que vuelvan a parecernos desconocidas".

Por otro lado, lo conocido puede atraernos, tranquilizarnos y hacernos sentir receptivos. Es este aspecto de familiaridad al que Jesús recurre cuando se encuentra con sus seguidores más cercanos. La manera conocida en que hablaba, enseñaba y se acercaba a la orilla se convierte en la vía hacia la comprensión y la alegría para los discípulos. Al dar testimonio de su resurrección, los discípulos imitarán su uso de lo conocido para presentar a los demás lo extraordinario.

Meditación: Considera cómo Jesús se manifiesta a ti y a otras personas que conoces bien. ¿Cuál es el camino habitual de la revelación? ¿Es a través de algo totalmente fuera de lo común o a través de lo que a veces resulta sencillo y conocido? ¿Te enseña algo tu experiencia sobre cómo podrías ayudar a otros a darse cuenta de la presencia de Jesús a su alrededor?

Oración: Oh Señor del sepulcro vacío, visítanos en lo conocido para conducirnos a lo extraordinario.

Obligados a compartir la Buena Nueva

Lecturas: Hch 4, 13-21; Mc 16, 9-15

Escritura: "Nosotros no podemos dejar de contar lo que hemos visto y oído". (Hch 4, 20)

Reflexión: "No lo vas a creer". "¡Prepárate porque tengo una historia que contarte!". "Esto te va a volar la cabeza". Hay docenas de maneras de preparar a la gente para escuchar noticias desconcertantes, noticias que a nosotros mismos nos puede costar comprender, noticias que bien pudieran ser transformadoras. En la escena de hoy de los Hechos de los Apóstoles, Pedro y Juan han estado contando la historia de Jesús en su predicación y en sus actos de sanación. El alto tribunal judío, conocido como "sanedrín", no puede negar lo que está viendo y oyendo, pero quiere que se detenga; está alterando el curso normal de las cosas y alborotando al pueblo.

No podemos saber con exactitud por qué el sanedrín intenta silenciar a Pedro y a Juan. Podría ser por celos ante la continua popularidad de Jesús incluso después de la crucifixión. Podría ser que temieran que el pueblo causara un alboroto que llamara la atención de los ocupantes romanos, que harían la vida más difícil a los judíos. Incluso podría tratarse de su propia confusión sobre cómo reaccionar a lo que ven suceder ante sus propios ojos. En cualquier caso, los apóstoles saben que no pueden dejar de proclamar lo que han presenciado. Y probablemente también sepan que podrían meterse en problemas serios.

La lectura de hoy del Evangelio de Marcos sienta las bases para que la verdad lisa y llana de Jesús sea predicada por todo el mundo. Al no haber creído a María Magdalena ni a los discípulos a los que Jesús acompañó fuera de Jerusalén, los once discípulos restantes son reprendidos por Jesús por su incredulidad y, sin embargo, se les confía que sean enviados a proclamar el Evangelio a todas las criaturas.

Meditación: ¿Qué queremos que nuestras familias sepan de Jesús? ¿Cómo compartimos con nuestro prójimo lo que hemos experimentado y creemos? Y lo que es más importante, ¿cómo da testimonio nuestra vida de que incluso lo increíble (resucitar de entre los muertos, la misericordia y amor inconmensurables de Dios) puede ser creído y digno de confianza?

Oración: Oh Señor del sepulcro vacío, que nos resulte imposible no hablar de tu acción en nuestras vidas.

27 de abril: Segundo domingo de Pascua
(Domingo de la Divina Misericordia)

Amor y misericordia eternos

Lecturas: Hch 5, 12-16; Ap 1, 9-11a. 12-13. 17-19; Jn 20, 19-31

Escritura:
Te damos gracias, Señor, porque eres bueno,
porque tu misericordia es eterna. (Sal 118, 1)

Reflexión: Las traducciones alternativas para la respuesta del salmo de hoy incluyen "su amor es eterno" y "su bondad perdura para siempre". Estas variaciones nos dicen algo sobre el rico significado del término hebreo original: *hesed*.

Ante todo, *hesed* no es un sentimiento, sino una forma de ser. Es la naturaleza misma de Dios, que es la plenitud de la misericordia amorosa. Toda acción de Dios en favor de los necesitados (¿y acaso no estamos todos necesitados?) es un acto de misericordia inmerecida. Al no habernos ganado esta bondad, sólo podemos recibirla con gratitud.

En segundo lugar, el *hesed* de Dios no es una bondad rara ni siquiera ocasional. Es eterna y duradera. Es tenaz incluso frente a la ingratitud, nos envuelve para protegernos de las tormentas y se disfruta a la luz de amaneceres tranquilos. La misericordia de Dios nos sostiene incluso cuando no somos conscientes de ello.

En un gran acto de misericordia, Jesús muere y resucita voluntariamente para mostrarnos que la muerte nunca tiene la última palabra, no sólo para él, sino para todos nosotros. La muerte en forma de duda sobre uno mismo recibe la misericordia de conocer el valor propio. La muerte como desobediencia a la ley de Dios recibe la misericordia del perdón y la firme resolución. La muerte en términos de violencia recibe la misericordia de la compasión y el autocontrol.

El Tiempo Pascual nos invita a meditar en nuestro Dios que no sólo *da* amor y misericordia, sino que *es* amor y misericordia.

Meditación: Muchos de nosotros crecimos con imágenes de Dios que no daban cuenta de su bondad. En lugar de apreciar la liberación de los esclavos en Egipto y la entrega de los Diez Mandamientos como un acto de misericordia de Dios, por ejemplo, puede que nos hayamos centrado en un Dios que exige obediencia. En lugar de entender el deseo de Dios de formar un pueblo caracterizado por la misericordia y la justicia, puede que hayamos pensado en Dios como amigo de unos y enemigo de otros. El Tiempo Pascual nos invita a ver a Dios a través de los lentes del *hesed* y la vida nueva.

Oración: Oh Dios, cuya misericordia perdura, utiliza nuestros esfuerzos para llegar a los más necesitados de fe en tu bondad.

Renacimiento espiritual

Lecturas: Hch 4, 23-31; Jn 3, 1-8

Escritura: "¿Cómo puede nacer un hombre siendo ya viejo?". (Jn 3, 4)

Reflexión: He vivido en zonas del país donde no es raro que te pregunten: "¿Has vuelto a nacer?". Mi respuesta típica: "¡Todos los días, sin excepción!" cierra firmemente la puerta a una conversación o la abre de par en par; no suele haber término medio. Me encantan estas oportunidades de conversar sobre lo que significa "nacer de nuevo" en nuestras diversas tradiciones religiosas, y lo que significa en nuestras vidas individuales.

Todos tenemos alguna experiencia con el nacimiento, ya sea las historias de nuestros propios nacimientos, estar presentes durante un nacimiento o dar a luz a un hijo una misma. Nuestro nacimiento se hace evidente en nuestra mera presencia. ¿Pero qué hay de un "renacimiento"? ¿Nacer *de nuevo*?

Nicodemo se acerca a Jesús y comienza con una afirmación: nadie podría hacer lo que tú haces si Dios no estuviera en él. Jesús no pierde tiempo en convertir este encuentro en una oportunidad de llevar a Nicodemo a una comprensión más profunda del reino de Dios. Así como nacemos de la carne en un momento determinado, también debemos nacer de nuevo del agua y del espíritu. No basta con ser bautizados en agua si no experimentamos también un bautismo espiritual, una conversión de nuestra forma de vivir como resultado de haber sido bautizados.

No solemos recibir esta conversión espiritual en un solo momento, aunque algunos de nosotros podamos identificar momentos dramáticos de cambio. Dramática o no, la conversión es un proceso continuo que evoluciona y se profundiza a lo largo de nuestra vida mediante la oración, el deseo persistente de acercarnos a Dios, la búsqueda de sabiduría a partir de nuestras experiencias de vida y la participación en la construcción del Reino mediante actos de misericordia y justicia.

Meditación: A veces limitamos nuestra experiencia de Dios a ideas preconcebidas ("Dios siempre . . . " o "Dios nunca . . . "). Jesús cumple las expectativas típicas y las destroza. Su sola presencia es la prueba de que Dios obra de maneras inesperadas e incluso impactantes. ¿De qué modo abre nuevas posibilidades el uso creativo de imágenes cotidianas por parte de Jesús?

Oración: Oh Dios, cuya misericordia perdura, habla con nosotros de una manera que expanda nuestras experiencias y expectativas.

El poder de la resurrección

Lecturas: Hch 4, 32-37; Jn 3, 7b-15

Escritura: Con grandes muestras de poder, los apóstoles daban testimonio de la resurrección del Señor Jesús . . . Ninguno pasaba necesidad. (Hch 4, 33-34)

Reflexión: He leído muchas veces este pasaje de los Hechos de los Apóstoles, pero cuando me disponía a escribir esta reflexión, noté algo nuevo.

Era consciente de que los apóstoles dieron valientemente testimonio de Jesús y de su resurrección. Nadie puede negar que resucitar de entre los muertos es un signo milagroso del poder de Dios. Es motivo de asombro, motivo de celebración y fuente de convicción interior. Para los que seguían a Jesús, su resurrección era una prueba de su identidad, que resolvía cualquier duda o recelo que pudieran tener, y les daba la oportunidad perfecta para atraer a más seguidores a medida que difundían esta extraordinaria noticia. El testimonio de los apóstoles no fue posible sin el poder de Dios obrando dentro de ellos y entre ellos.

El pasaje de hoy de los Hechos está repleto de descripciones de la comunidad ideal de creyentes: unidos de corazón y mente, compartiendo posesiones e incluso vendiendo propiedades para ayudar a los necesitados de la comunidad. Justo en medio de este panorama, se nos dice que los apóstoles dieron testimonio de la resurrección. Aquí es donde surgió una nueva idea en mis reflexiones: existe una conexión ineludible entre dar testimonio de la resurrección y servir a las necesidades de la comunidad.

Si la resurrección sólo sirve para "asombrarnos" o para darnos la esperanza de nuestra propia resurrección, nos hemos perdido algo esencial. Si queremos ser personas de resurrección, debemos transformarnos. Nuestras acciones deben demostrar que servimos al Dios vivo, al Dios que no teme adentrarse en la condición humana y sacarnos a todos de nuestras limitaciones.

Meditación: Si pudieras pintar un cuadro de tu parroquia, viva, con el poder de la resurrección, ¿qué aspecto tendría? ¿Habría cambios en su vida comunitaria? ¿En su vida litúrgica? ¿En su servicio al prójimo en general?

Oración: Oh Dios, cuya misericordia perdura, que brote nueva vida de los actos de servicio dados y recibidos.

Dios quiere la salvación

Lecturas: Hch 5, 17-26; Jn 3, 16-21

Escritura: Porque Dios no envió a su Hijo para condenar al mundo, sino para que el mundo se salvara por él. (Jn 3, 17)

Reflexión: Una vez oí a un predicador decir que estaba cansado del "Jesús blando" que tantos predican y que él creía que Jesús era cualquier cosa menos "blando". Estoy de acuerdo con ese predicador, pero creo que él y yo entendemos su sentimiento de maneras diferentes. Su predicación revelaba que creía que el juicio y la condena de Dios faltaban en la forma en que algunas personas se relacionaban con Jesús, y que las promesas de Jesús sólo aplican para quienes se arrepentían temblando de miedo. Su Jesús no es "blando con el crimen" ni "blando con el pecado".

Pero me pregunto qué clase de testimonio damos al Señor resucitado cuando, en cambio, creemos profundamente que la intención de Dios es salvar al mundo, no condenarlo. No creo que eso "ablande" nuestra representación de Jesús; por el contrario, creo que la fortalece. Jesús encarna lo que significa encontrar fuerza en la justicia, el amor y la misericordia, las cualidades de Dios y de la alianza de Dios con nosotros. Un tirano es capaz de dar órdenes y pronunciar condenas, pero no es capaz de instruir en profundidad ni de invitar al pueblo al autoexamen como hizo Jesús.

Dios, que se nos revela a través de las Escrituras, particularmente en la persona de Jesús, es cualquier cosa menos blanda. Los estándares de Jesús son altos, pero no se nos imponen. Su juicio se emite siempre con miras a la conversión y no a la condena. La obediencia por miedo no dará lugar a la libertad necesaria para responder a Dios en el amor. Y sólo cuando respondemos libremente salimos de las tinieblas para reencontrarnos con la luz que es Jesús.

Meditación: La lectura de hoy del Evangelio de Juan comienza con las palabras "Tanto amó Dios al mundo". La medida del amor de Dios es enviar a Jesús, no para sacarnos de la condición humana, ni para salvarnos del mal que nos rodea, ni siquiera para salvarnos de nosotros mismos. La misión de Jesús es salvarnos en las propias circunstancias de caos y maldad que forman parte de la condición humana.

Oración: Oh Dios, cuya misericordia perdura, atráenos hacia ti con lazos de amor y llénanos de fortaleza para vivir la plena verdad de quien eres.

1 de mayo: Jueves de la segunda semana de Pascua
(San José obrero)

Prefiguración de la resurrección

Lecturas: Hch 5, 27-33; Jn 3, 31-36; o Gn 1, 26-2, 3 o Col 3, 14-15. 17. 23-24; Mt. 13, 54-58

Escritura: En aquel tiempo, Jesús llegó a su tierra y se puso a enseñar a la gente en la sinagoga, de tal forma, que todos estaban asombrados y se preguntaban: "¿De dónde ha sacado éste esa sabiduría y esos poderes milagrosos? ¿Acaso no es éste el hijo del carpintero?". (Mt 13, 54-55).

Reflexión: Es conveniente recordar que los Evangelios no se escribieron como informes de testigos presenciales. Más bien son el resultado de décadas de reflexión y evangelización tras la muerte y resurrección de Jesús. Jesús resucitó de entre los muertos, encargó a sus seguidores que difundieran la Buena Nueva y luego ascendió al cielo antes de enviar el Espíritu. Cuando finalmente se escribieron los relatos evangélicos, naturalmente se narraron a través del lente de la resurrección de Jesús. ¿Cómo podría ser de otro modo?

En esta fiesta de san José Obrero, tenemos la oportunidad de reflexionar sobre cómo la resurrección de Jesús "se dirige sigilosamente" a una escena anterior de Jesús enseñando en su ciudad natal. ¿Dónde podemos encontrar pruebas que apunten al sepulcro vacío? ¿Cuáles son las señales que conducen a este triunfo de la vida sobre la muerte?

En primer lugar, los habitantes de la ciudad natal de Jesús se asombran de que uno de los suyos sea capaz de realizar grandes hazañas, al igual que sus apóstoles se asombran más tarde por el supremo y poderoso acto de resucitar de entre los muertos. En segundo lugar, algunos de su ciudad natal se ofenden con Jesús, al igual que algunos de Jerusalén, en particular los líderes religiosos, se ofenden con su resurrección. En los dos casos, Jesús se encuentra con la falta de fe. Y en ambas situaciones, ninguna de estas barreras obstaculiza su misión como Hijo de Dios, ni lo aleja de su identidad como hijo de José, el carpintero.

Meditación: A medida que los apóstoles y otros iniciaron su labor de difusión de la Buena Nueva, podemos imaginar las primeras historias que debieron contar. Podríamos pensar que comenzarían con el nacimiento de Jesús, pero esto es poco probable. La prueba más asombrosa de la identidad de Jesús es su resurrección. Una vez que los evangelistas hubieran contado esta historia trascendental, seguiría el resto: su misión, sus raíces, su nacimiento. ¿Por dónde empiezas a contar la historia de Jesús en tu vida cuando la compartes con los demás?

Oración: Oh Dios, cuya misericordia es eterna, haz que la resurrección de Jesús transforme nuestra visión y nos permita ver los acontecimientos de nuestra vida a través del lente de la vida nueva.

Hacer una pausa para el discernimiento

Lecturas: Hch 5, 34-42; Jn 6, 1-15

Escritura: "Porque si lo que se proponen y están haciendo es de origen humano, se acabará por sí mismo. Pero si es cosa de Dios, no podrán ustedes deshacerlo. No se expongan a luchar contra Dios". (Hch 5, 38-39)

Reflexión: Los fariseos suelen tener muy mala fama en los Evangelios. Al parecer, había un buen número de ellos que eran extremadamente estridentes en cuanto a la obediencia a la ley religiosa, y algunos también fueron acusados de hipocresía. Pero debemos tener cuidado de no poner a todos los fariseos en la misma bolsa. Los fariseos eran líderes laicos (maestros y escribas) que creían que una clara adhesión a la ley de Moisés y a las tradiciones orales que la rodeaban mantendría la identidad judía en una sociedad cada vez más pluralista; en el fondo, no era una mala idea.

La lectura de hoy de los Hechos de los Apóstoles nos pone al corriente de una discusión que tiene lugar en el seno del sanedrín, el tribunal religioso supremo de Jerusalén, para determinar qué hacer con los seguidores de Jesús que siguen predicando y sanando en su nombre. Entre ellos se encuentra Gamaliel, identificado como fariseo. Gamaliel refuta la idea popular que todos los fariseos se oponían estridentemente a Jesús y a sus seguidores. Su consejo de posponer el castigo, dejando que lo resolvieran Dios y el tiempo, fue sabiamente aceptado.

Un gran consejo que recibí hace años, y que ha ganado popularidad en las redes sociales, es hacer una pausa en un momento de tensión. No es posible discernir sabiamente las soluciones a los problemas ni formular respuestas sensatas ante el dolor o la injusticia cuando nuestros sentimientos están a flor de piel.

Para las personas de fe, esa "pausa sagrada" se convierte no sólo en un momento para calmarse, sino en un momento para orar y buscar sabiduría.

Meditación: ¡Que me hayan dado buenos consejos no significa que siempre los siga! Pero puedo cultivar hábitos que me ayuden. Para poder tomarme un respiro en momentos de confusión o enfado, por ejemplo, puedo entrenarme para hacerlo en otras situaciones también. De este modo, hacer una pausa no es algo inusual, sino que se convierte en parte de mi memoria muscular espiritual. ¿Qué hábitos podríamos crear para ayudarnos a hacer una pausa, a darnos espacio y tiempo para buscar la sabiduría cuando pasamos por momentos difíciles?

Oración: Oh Dios, cuya misericordia perdura, guíanos hacia tu sabiduría, especialmente en los momentos llenos de emoción.

Basta de ilusiones

Lecturas: 1 Cor 15, 1-8; Jn 14, 6-14

Escritura: "Yo les aseguro: el que crea en mí, hará las obras que hago yo y las hará aún mayores, porque yo me voy al Padre". (Jn 14, 12)

Reflexión: He oído a algunas personas decir que ojalá hubieran vivido en Israel en la época del ministerio de Jesús, para haber sido testigos de cómo enseñaba y sanaba. Entonces, dicen, de esa manera podrían creer en él. Por supuesto, podríamos recordarles que incluso los que estaban con Jesús a diario no siempre "lo entendían". De hecho, podríamos tener ventaja porque se nos han dado el don del Espíritu y dos mil años de testigos vivos.

En cierto modo, el Evangelio de hoy trata de esa sensación de ilusión. Jesús y sus apóstoles están reunidos en Jerusalén, compartiendo su última cena, y sin duda hay un mal presentimiento en el ambiente. Judas ha sido identificado como el que traicionará a Jesús, y Pedro como el que negará conocerlo. Jesús aprovecha este momento para calmar sus corazones atribulados con palabras de aliento sobre el papel esencial que desempeñarán en la continuación de las obras de Jesús.

De hecho, Jesús dice a sus seguidores algo que sonaría escandaloso si no lo hubiera dicho él mismo: ¡harán obras aún mayores que las que él hizo! ¿Cómo puede ser esto? Jesús compartirá con ellos (y con nosotros) la unidad que tiene con el Padre, y enviará al Espíritu como signo de su presencia permanente con ellos. Los Hechos de los Apóstoles están llenos de ejemplos de la obra de Jesús vivo que continúa en y a través de la primera generación de creyentes. La historia cristiana nos da otro testimonio de que Dios sigue haciendo cosas maravillosas entre nosotros.

Meditación: ¿Cuándo te ha impedido la ilusión vivir el momento presente y reconocer su potencial? "Si hubiera visto . . ." o "Si Dios hubiera . . .". Irónicamente, al desear que las cosas hubieran sido diferentes en el pasado, podemos fracasar a la hora de marcar la diferencia en el presente. Invitemos al don del Espíritu de Dios para que nos ayude a dar testimonio de dónde está obrando Dios hoy.

Oración: Oh Dios, cuya misericordia es eterna, haz que te encontremos obrando en nuestras palabras y acciones, para que lleguemos a ser verdaderamente el cuerpo vivo de Cristo.

Siempre un seguidor

Lecturas: Hch 5, 27-32. 40b-41; Ap 5, 11-14; Jn 21, 1-19 o 21, 1-14

Escritura: "Simón, hijo de Juan, ¿me amas? . . . Pastorea mis ovejas . . . Sígueme". (Jn 21, 17-19)

Reflexión: Todavía recuerdo a mi clase de primaria formando una fila ordenada para seguir a nuestros maestros dentro y fuera del edificio de la escuela o de la iglesia. A medida que crecíamos, a veces se nos daba la oportunidad de ser primeros en esa fila de estudiantes; ¡nos sentíamos tan realizados cuando llegaba nuestro turno! ¿Quién no quería ser primero en la fila? Sin embargo, el versículo final del Evangelio de hoy me hizo pensar en el valor de ser un buen seguidor.

El diálogo entre Jesús y Pedro, incluida la instrucción de Jesús a Pedro de pastorear sus ovejas, forma parte de nuestra comprensión de la primacía de Pedro y de su papel como líder entre los líderes de la iglesia primitiva. Nótese, sin embargo, que incluso el primer pastor universal recibe instrucciones para ser seguidor de Jesús. El papel de Pedro no tiene que ver con el poder, sino con seguir siempre a Jesús.

Pero, ¿cómo sería eso? Pedro y los otros líderes de la iglesia siguen a Jesús a través de la muerte y la resurrección para estar seguros. También seguirán a Jesús cuando mediten y obedezcan sus enseñanzas, cuando den de comer a los hambrientos y agua a los sedientos, cuando digan la verdad en situaciones difíciles y cuando sirvan humildemente a los más indefensos de entre nosotros. Esa forma de "seguir" no significa debilidad, sino que es la clave del liderazgo.

Tanto si estamos llamados a liderar como obispo o párroco, como si somos padres o maestros, nunca dejamos de ser discípulos, seguidores de Jesús.

Meditación: Un discípulo es alguien que sigue, y un discípulo de Jesús es alguien que sigue a Jesús. A diferencia de lo que ocurre en un entorno escolar, donde encontramos principios y finales definidos, y donde el éxito se constata al alcanzar objetivos medibles, un discípulo de Cristo siempre está aprendiendo, respondiendo y aprendiendo un poco más. El objetivo mensurable de un discípulo es cómo nos transformamos continuamente a imagen de Cristo que nos guía. ¿Cuáles son algunas de las formas en que ser discípulo templa nuestros egos y nos guía hacia el servicio humilde?

Oración: Oh Dios, acércanos, y danos corazones para el discipulado más que para el poder.

No maravillados, pero sí despiertos

Lecturas: Hch 6, 8-15; Jn 6, 22-29

Escritura: "Yo les aseguro que ustedes no me andan buscando por haber visto signos, sino por haber comido de aquellos panes hasta saciarse". (Jn 6, 26)

Reflexión: Los seres humanos tienen un deseo profundo de encontrar sentido a la vida. Queremos saber que nuestras vidas importan y que nuestras rutinas diarias no carecen de sentido. Podemos caer en la tentación de buscar el sentido a las cosas efímeras: el número de seguidores o "me gusta" que tenemos en las redes sociales, la satisfacción de pertenecer al "grupo de moda" o el estatus que supone ascender en la empresa. Aunque ninguna de estas cosas es perjudicial en sí misma, pueden ser un indicio de que buscamos algo más, algo que nos llene de verdad.

El Evangelio de hoy procede del discurso sobre el Pan de Vida del Evangelio de Juan. Las palabras y las acciones de Jesús ponen de relieve lo que es verdaderamente nutritivo para nuestras vidas. Los que seguían a Jesús a través del mar de Galilea, desde Tiberíades hasta Cafarnaúm, no podían evitar sentirse atraídos por él. Había tomado unos simples panes y peces y alimentado a una multitud. Era obrador de prodigios, y ellos estaban ansiosos por ver más. Pero Jesús no busca "deslumbrar" a la gente, sino "despertarla", que miren más allá de la multiplicación de alimentos hacia aquel que verdaderamente los alimentará, y que cada persona sepa quién puede darle el "alimento que dura para la vida eterna".

Meditación: Gran parte de lo que buscamos o acumulamos es efímero: mucha emoción luego de unas vacaciones maravillosas, contactos en las redes sociales en lugar de amistades duraderas, una joya exótica que guardamos en una caja de seguridad. Este tipo de búsqueda puede introducirse fácilmente en nuestra vida espiritual. Tal vez nuestras celebraciones no sean tan animadas con un nuevo liturgista o pastor, y nos sentimos tentados a buscar una experiencia diferente en otro lugar. O tal vez un período de alejamiento de la oración nos ha hecho preguntarnos si realmente importa ser fieles a esta práctica. Jesús nos invita a cavar hondo y encontrar lo que es duradero y verdadero más allá de los objetos o experiencias tangibles, pero a menudo temporales.

Oración: Oh Dios, acércanos, vivifícanos con dones que perduren y con una visión que sea verdadera.

Ser el eco de Jesús

Lecturas: Hch 7, 51-8, 1a; Jn 6, 30-35

Escritura: Mientras lo apedreaban, Esteban repetía esta **oración:** "Señor Jesús, recibe mi espíritu". Después se puso de rodillas y dijo con fuerte voz: "Señor, no les tomes en cuenta este pecado". (Hch 7, 59-60)

Reflexión: La Biblia está llena de ecos: sonidos, frases y escenas que avanzan y retroceden en el tiempo para que prestemos atención. La escena de hoy de la lapidación de Esteban que se encuentra en los Hechos de los Apóstoles se hace eco del lamento y la confianza que encontramos en el Salmo 31. El salmista, angustiado y desanimado, grita: "En tus manos encomiendo mi espíritu y tú, mi Dios leal, me librarás" (31, 6). Siglos más tarde, Jesús clama a Dios desde la cruz, otro eco de este versículo: "Padre, en tus manos encomiendo mi espíritu" (Lc 23, 46). El salmista, Jesús y Esteban atraen la atención hacia la necesidad de entregarnos a Dios, una disposición que sólo es posible en el contexto de la confianza en Dios.

Otro eco se oye en las palabras de Esteban suplicando a Dios que "no les tome en cuenta este pecado" a los que lo están apedreando hasta la muerte. Al igual que Jesús había pedido a su Padre que perdonara a sus verdugos (y, en realidad, a los que lo habían condenado a muerte), las palabras de Esteban muestran una generosidad de espíritu propia de Cristo (Lc 23, 34).

Al comienzo de esta semana, reflexionamos sobre por qué los líderes deben seguir siendo discípulos, seguidores. El autor de los Hechos narra la historia de Esteban como un claro ejemplo de lo que significa seguir a Jesús, hacerse eco de él, incluso en su forma de entrega y perdón en el momento de la muerte. A lo largo de los siglos, toda clase de santos, tanto canonizados como desconocidos para nosotros, han dado testimonio de este poder del discipulado.

Meditación: ¿Alguna vez has conocido a alguien y has reconocido casi de inmediato rasgos faciales o gestos que te resultan familiares? Puede que te lleve un momento, pero al final podrás identificar a la familia de la persona simplemente observando y escuchando. Imagina cómo sería que la gente nos conociera, se detuviera unos instantes y nos reconociera como miembros de la familia de Jesús.

Oración: Oh Dios, acércanos, para que seamos más capaces y estemos más dispuestos a hacernos eco de los sonidos y las obras de Jesús en nuestro mundo.

Nada está perdido

Lecturas: Hch 8, 1b-8; Jn 6, 35-40

Escritura: "Y la voluntad del que me envió es que yo no pierda nada de lo que él me ha dado . . . ". (Jn 6, 39)

Reflexión: Los lectores del Evangelio de Juan se darán cuenta de que en él se encuentran fuertes contrastes: la oscuridad y la luz, la nueva alianza y la antigua, el reino de Dios y el reino de este mundo. Jesús traza líneas claras para sus seguidores, instándolos a elegir si están dentro o fuera. En ocasiones, esto ha creado la imagen de un Jesús severo y crítico, que promete la vida eterna sólo a los que eligen correctamente. Pero quizá seamos nosotros los que hacemos hincapié en quién está dentro y quién está fuera.

El Evangelio de Juan destaca la unidad de Jesús y el Padre, dejando claro que la autoridad de Jesús procede del Padre y que sus acciones reflejan la voluntad del Padre. En el Evangelio de hoy, la voluntad del Padre es que Jesús no pierda nada de lo que se le ha dado. ¿Y qué se le ha dado? ¡El mundo entero! ¿Con qué fin? La salvación del mundo: "Dios no envió al Hijo al mundo para condenar al mundo, sino para que se salve el mundo gracias a él" (Jn 3, 17).

Si Dios quiere la salvación para el mundo, entonces compartimos esta tarea demostrando cuánto ama Dios al mundo y a todos los que lo habitan. De este modo, al igual que Jesús, mantenemos la esperanza de la vida eterna no sólo para quienes comparten nuestra profesión de fe en Jesús, sino para todos los que están al alcance de su voz.

Meditación: Anteriormente en el Evangelio de Juan, cuando Jesús alimentó a la multitud con una pequeña cantidad de comida, dijo a los discípulos: "Recojan los pedazos que han sobrado para que no se pierda nada" (6, 12). Llenaron una docena de cestas como una señal más de que en el reino de Dios nada se pierde. Nuestro testimonio sobre quién es Dios puede caer en oídos sordos o en corazones endurecidos (y bien podría ser que nuestros propios corazones también necesiten ablandarse), pero Dios utiliza nuestros esfuerzos como gracia de maneras que quizá no percibamos.

Oración: Oh Dios, acércanos, mantennos cerca de tu Hijo que voluntariamente recoge las sobras y nos tiende la mano cuando estamos perdidos.

Enseñanza que conduce a Cristo

Lecturas: Hch 8, 26-40; Jn 6, 44-51

Escritura: Corrió Felipe, y oyendo que el hombre leía al profeta Isaías, le preguntó: "¿Entiendes lo que estás leyendo?" Él le contestó: "¿Cómo voy a entenderlo, si nadie me lo explica?". (Hch 8, 30-31)

Reflexión: A menudo pienso en mis maestros, desde la escuela primaria hasta la universidad, y me he dado cuenta de que mis favoritos son los que poseen ciertas cualidades: capacidad para reconocer oportunidades de enseñanza, un sentido profundo de alegría (aunque sé que enseñar en clase no es nada fácil), conocimiento y pasión por su materia y amor por los estudiantes que tienen delante.

El apóstol Felipe me parece este tipo de maestro. Reconoce una "oportunidad de enseñanza" cuando pasa el carro del etíope y oye al hombre leer en voz alta (una práctica bastante normal en el mundo antiguo entre las personas alfabetizadas). La alegría y el conocimiento de Felipe al instruir al etíope son evidentes; no sólo explica el pasaje de Isaías, sino que lo utiliza como punto de partida para proclamar a Jesús tal como él lo conoció y como el cumplimiento de las Escrituras. Y lo mejor de todo es que Felipe ama tanto a este curioso que no duda en bautizarlo, aunque el bautismo de gentiles no era todavía una práctica aprobada o estándar entre los judíos que seguían a Jesús.

Felipe conoció al Señor Jesús de manera personal y seguramente experimentó a Jesús como el Pan de Vida del que oímos hablar en la lectura del Evangelio de hoy. En su enseñanza, como en la de Jesús, Felipe confía en que Dios utilice sus palabras, sus instintos y conocimientos, y su amor y alegría para instruir al viajero. Pero la instrucción nunca es un fin en sí mismo. Abre corazones y mentes, y ofrece un nuevo lente a través del cual ver el mundo. La instrucción en el contexto cristiano siempre tiene el potencial de evangelizar.

Meditación: Cuando instruimos a niños y adultos, recurrimos a un gran acervo de enseñanzas para que crezca su comprensión de la fe y se amplíe su capacidad de aplicarlas. Sin embargo, nuestra catequesis (instrucción) no significará nada si no va acompañada de la proclamación de cómo Jesús está vivo y activo en nuestras vidas, permitiendo la oportunidad de encontrarse con Cristo (el núcleo de la evangelización).

Oración: Oh Dios, acércanos, y ayúdanos a valorar las enseñanzas de Jesús como también apreciamos el construir una relación con él.

El poder de la humildad

Lecturas: Hch 9, 1-20; Jn 6, 52-59

Escritura: Ananías fue allá, entró en la casa, le impuso las manos a Saulo y le dijo: "Saulo, hermano, el Señor Jesús, que se te apareció en el camino, me envía . . . ". (Hch 9, 17)

Reflexión: Ananías me parece un hombre humilde y valiente. La reputación de Saulo lo precedía: estaba decidido a detener y encarcelar al nuevo grupo de judíos que creían que Jesús era el Cristo, y contaba con la autoridad del sanedrín para respaldarlo. Es comprensible que Ananías, un seguidor de Cristo, esté preocupado por los acontecimientos y dude en ir como Dios le manda a ofrecer a Saulo la sanación de su reciente ceguera. Su reticencia me recuerda a los profetas de Israel, todos los cuales protestaron cuando Dios les encargó que hablaran en su nombre al pueblo de Israel y Judá, especialmente a los líderes religiosos y políticos renuentes.

No se nos da mucha información sobre el diálogo interno que estaba ocurriendo en la mente y el corazón de Ananías, pero podemos imaginar que tenía que ser lo suficientemente humilde como para obedecer a Dios. Las personas auténticamente humildes no piensan mal de sí mismas, sino que reconocen que tienen mucho en común con los demás y que a veces tienen que admitir que no pueden ver el panorama completo. Dios ve el panorama completo con respecto tanto a Saulo *como a* Ananías. La oportunidad de que Ananías haga lo más difícil será transformadora para ambos.

Ananías saluda a Saulo, el hombre que sabe que es un perseguidor, como a un hermano. Este reconocimiento de su humanidad compartida probablemente abrió una puerta que, de otro modo, habría permanecido cerrada. Hace falta mucho valor para obedecer a Dios y creer que los enemigos puedan convertirse en amigos y la violencia en paz. Sin estos singulares esfuerzos, como Ananías acudiendo a Saulo, no podrían ocurrir los esfuerzos más grandes por transformar el mundo

Meditación: Santo Tomás de Aquino dice que la humildad significa "vernos como Dios nos ve: sabiendo que todo bien que tenemos viene de Dios como puro don". En una cultura que valora a la persona que "se ha hecho a sí misma", la humildad puede verse como una debilidad y no como la fuerza de dar prioridad a un profundo sentido de armonía con los demás y con la creación.

Oración: Oh Dios, acércanos a ti y concédenos el don de la humildad para que podamos contribuir a nuestro mundo y no ser meros espectadores.

¿Dónde está nuestra lealtad?

Lecturas: Hch 9, 31-42; Jn 6, 60-69

Escritura: Entonces Jesús les dijo a los Doce: "¿También ustedes quieren dejarme?" Simón Pedro le respondió: "Señor, ¿a quién iremos? Tú tienes palabras de vida eterna . . . ". (Jn 6, 67-68)

Reflexión: La escena del Evangelio de hoy se desarrolla en Cafarnaún, la zona que fue prácticamente la base del ministerio de Jesús en Galilea. La gente de aquí había escuchado el núcleo de la enseñanza de Jesús y había sido testigo de cómo ofrecía sanaciones (la hija de Jairo, la mujer que tocó su manto, el paralítico traído por sus amigos y la suegra de Pedro, por nombrar algunos). La escena de hoy tiene lugar justo luego de que Jesús haya dicho a sus seguidores que él es el Pan de Vida que da su carne para la vida del mundo. Aunque eso pueda parecer una buena nueva todos estos siglos después, hubo muchos oyentes a los que les costó aceptarlo y, en su desánimo, comenzaron a alejarse de Jesús.

En este momento crítico, Jesús pregunta a sus allegados si ellos también se irán. Debió ser tentador para sus discípulos al menos considerarlo, dada la controversia que suscitó Jesús, la resistencia que encontró y la dificultad que pudieron prever para vivir esta nueva forma de vida. Pero se quedan: "Señor, ¿a quién iremos?".

Esta es una pregunta que todo seguidor de Jesús tiene que hacerse en un momento dado. Algo o alguien siempre exigirá nuestra lealtad. Nuestra elección sobre a quién o qué seguir, a quién o qué amar, lo determinará todo.

Creo que los discípulos se quedaron porque amaban a Jesús. Su compromiso creció como respuesta a dejarse amar, a que se les confiara una parte de la construcción del reino de Dios que Jesús imaginó y compartió. El valor de permanecer con Jesús superaba ampliamente el impulso de marcharse.

¿Qué más aprenderán de él? ¿Cómo les dará motivos de esperanza?

Meditación: No todos los que acuden a Jesús reciben la sanación que desean o la respuesta a una necesidad que manifiestan. Cuando nos parece injusto o demasiado exigente luchar con estas realidades, podemos sentir la tentación de alejarnos. Pero Dios nos pide que miremos más profundamente, que imaginemos el mundo sin la visión del reino de Dios o sin un motivo de esperanza.

Oración: Oh Dios, acércanos y danos el deseo de permanecer contigo incluso cuando el camino parece difícil.

Conocer al pastor

Lecturas: Hch 13, 14. 43-52; Ap 7, 9. 14b-17; Jn 10, 27-30

Escritura: "Mis ovejas escuchan mi voz; yo las conozco y ellas me siguen". (Jn 10, 27)

Reflexión: Las ovejas y los pastores abundan en la Biblia, y abundaban también en el antiguo Oriente Próximo. La imagen del pastor se utiliza para describir a Dios en los Salmos y en los libros de los profetas. No es de extrañar que Jesús describa su papel e identidad utilizando esta imagen; casi todo el mundo habría conectado con él de alguna manera práctica o religiosa.

Me imagino a Jesús en un tiempo en el desierto, o en un lugar tranquilo donde iba a orar, observando a los pastores con sus rebaños, dispersos por las laderas de las colinas, en búsqueda de sustento y protección de las inclemencias del tiempo. Habría visto a pequeños grupos de pastores reunir a todas sus ovejas por la noche para que estuvieran a salvo y seguras hasta la luz de la mañana. Entonces, una vez más, las ovejas se separarían, y cada rebaño se iría con su propio pastor. Tal vez aquí es donde Jesús reflexionó sobre cómo las ovejas sabían a qué pastor seguir.

Tanto las ovejas como el pastor tenían que aprender a reconocerse. ¿Era ese tipo de reconocimiento mutuo el que Jesús esperaba que tuvieran él y sus seguidores? En medio de todo el ruido de la sociedad, Jesús nos invita a escuchar su voz, a aprender a distinguir su mensaje de los demás.

Seguiremos a Jesús, como las ovejas siguen a su pastor, mientras aprendemos que su voz es verdadera y amorosa, y que sus palabras contienen un mensaje de vida.

Meditación: Me llama la atención la paciencia de Jesús al guiarnos para que reconozcamos y escuchemos su voz. Pero ¿y nosotros? ¿Cómo atravesar el ruido que nos rodea para poder oírlo? ¿Se necesitará algo más que solo desearlo? ¿Qué disciplinas espirituales podrían ayudarnos a aprender a escuchar la voz de Jesús? ¿De qué manera el profundizar en las Escrituras y el escuchar enseñanzas sólidas nos ayudan a ser más capaces de discernir? ¿Nos vendría bien reflexionar sobre cómo pasamos el tiempo y con quién?

Oración: Pastor bueno y misericordioso, llámanos hasta que conozcamos tu voz, y crea en nosotros el deseo de seguirte.

El camino hacia la salvación

Lecturas: Hch 11, 1-18; Jn 10, 1-10

Escritura: "Yo soy la puerta; quien entre por mí se salvará, podrá entrar y salir y encontrará pastos. El ladrón sólo viene a robar, a matar y a destruir. Yo he venido para que tengan vida y la tengan en abundancia". (Jn 10, 9-10)

Reflexión: ¿Qué significa ser salvo? Jesús dice que si "entramos a los pastos" a través de él, la puerta, nos salvaremos. Pero ¿qué significa eso? ¿Salvarnos de qué y para qué? La respuesta más sencilla a estas preguntas es que estamos salvados del pecado, y que el propósito de nuestra salvación es servir a Dios y a los demás mientras nos aferramos a la promesa de la vida eterna.

A riesgo de parecer un disco rayado, podríamos preguntarnos de nuevo qué significa realmente todo esto. La lectura del Evangelio de Juan de hoy nos ofrece una forma ligeramente distinta de ver la salvación. Si Jesús viene a dar vida abundante, ¿podría ser ésa una definición de salvación? Y si Jesús proporciona la puerta de entrada a la vida abundante, tal vez la abundancia de la que habla sea lo que él mismo encarna: misericordia, alegría, justicia, paz, verdad, esperanza y compasión. Al conocer *para qué* somos salvados, podremos comprender mejor *de qué* estamos siendo salvados. Jesús nos salva de todo lo que nos impide experimentar la abundancia que él trae. Algunas de las cosas de las que Jesús nos salva, si se lo permitimos, son las actitudes y comportamientos pecaminosos, adicciones y un falso sentido de seguridad.

Aunque algunas personas puedan confundir esta promesa de vida abundante con la prosperidad, nada más lejos de la realidad. La abundancia de Dios está disponible para todos: ricos y pobres, cultos e incultos, sanos y enfermos. Como hemos escuchado en la lectura de hoy de los Hechos, Dios da el "mismo don" (11, 17), esta vida abundante, tanto a judíos como a paganos, a todos los que están dispuestos a recibirlo.

Meditación: El Dios que nos creó, el mismo que sigue moldeándonos, sabe que cada uno de nosotros es digno de vivir en abundancia. A veces somos nosotros los que no reconocemos o aceptamos este don de Dios. ¿Nos hemos acostumbrado a vivir con una sensación de escasez espiritual, como si Dios no tuviera suficiente gracia para todos ni la paciencia suficiente como para esperarnos?

Oración: Pastor bueno y misericordioso, abre de par en par nuestros corazones para que tu vida de abundancia se convierta en nuestro deseo más profundo y podamos dar testimonio de tu generosa oferta de salvación.

La gracia que se ve

Lecturas: Hch 11, 19-26; Jn 10, 22-30

Escritura: Llegó Bernabé, y viendo la acción de la gracia de Dios, se alegró mucho; y como era hombre bueno, lleno del Espíritu Santo y de fe, exhortó a todos a que, firmes en su propósito, permanecieran fieles al Señor. (Hch 11, 23)

Reflexión: Cuando era joven, aprendí que la gracia era como llenar un vaso de agua: al "beber" la gracia, siempre podíamos pedir más. Esta imagen hacía que la gracia pareciera algo bastante limitado, algo que se podía repartir. Ahora, muy lejos de mis años de infancia, pienso en la gracia más bien como si fuera el mar: vasto y de ritmo constante. Como el mar nunca deja de buscar la orilla, la gracia nunca deja de buscarnos. Y a diferencia de ese vaso de agua transparente, el océano rebosa de vida en todas sus formas. Tal vez la gracia sea igual.

Bernabé ve la gracia de Dios cuando llega a Antioquía. Yo he visto la gracia de Dios, y apuesto a que tú también. Tendemos a pensar en la gracia como algo intangible, pero en realidad, la gracia está llena de vida y actividad. Se manifiesta sirviendo a los necesitados, consolando a los que lloran una pérdida, convirtiéndonos en fuente de sanación cuando los cuerpos y los corazones están rotos, visitando a los presos y acogiendo al forastero entre nosotros. Nuestro Evangelio de hoy nos recuerda que incluso las obras de Jesús son manifestaciones de la gracia de Dios: "Las obras que hago en nombre de mi Padre dan testimonio de mí".

La gracia es la prueba de la vida de Dios en nosotros, rebosante de actividad. Transformados por esta gracia, damos testimonio de quién es Dios y de cómo obra en el mundo. La inmensidad de la gracia de Dios nos permite, e incluso nos obliga, a contribuir a transformar el mundo, de acción de amor en acción de amor.

Meditación: La conciencia de Dios vivo y activo en el mundo es un pilar de la vida espiritual. La conciencia de que nuestros valores, palabras y acciones revelan quién es Dios para nosotros puede convertirse en gracia para otra persona, alguien que se siente perdido o confundido. ¿En qué momentos te han revelado la gracia de Dios las acciones de otra persona? ¿Cómo pueden tus relaciones con los demás ser partícipes de esa marea de amor y gracia de Dios?

Oración: Pastor bueno y misericordioso, permítenos sumergirnos en el mar de gracia que siempre está llegando a la orilla, e invítanos a entrar en aguas más profundas contigo.

No existe amor más grande

Lecturas: Hch 1, 15-17. 20-26; Jn 15, 9-17

Escritura: "Nadie tiene amor más grande a sus amigos, que el que da la vida por ellos". (Jn 15, 13)

Reflexión: No hay nada como la seguridad de saber que podemos confiar en un amigo. En la comodidad de la verdadera amistad, podemos revelar todo sobre nosotros mismos y, con el tiempo, ese tipo de conversación continua crea un vínculo profundo de confianza. Podemos esperar dar y recibir consejos, verdad y amabilidad.

Jesús nos ofrece este tipo de amistad. Incluso está dispuesto a contarnos todo lo que ha oído de su Padre en lugar de guardárselo. Nos está enseñando que la naturaleza del amor es darlo todo.

Como bien sabemos, así como el amor tiene mucho para dar, también tiene un precio. Para Jesús, el precio es su propia vida. A lo largo de los siglos, empezando por la mayoría de los apóstoles, otros también han dado su vida por amor: san Óscar Romero, los mártires de Uganda, Maximiliano Kolbe, Ita Ford, Maura Clarke, Dorothy Kazel, Jean Donovan y Dorothy Stang, por nombrar sólo a algunos. Tendríamos razón al decir que a veces la amistad con Jesús puede ser bastante costosa.

La buena noticia de este Tiempo Pascual es que, incluso a un precio tan alto como el martirio, la muerte no tiene la última palabra. La tiene el amor. Recordamos a los mártires no principalmente por la forma en que murieron, sino por el tipo de amor que los puso en lugares de gran necesidad y les dio valor para enfrentarse a grandes peligros: el tipo de amor que no puede dejar de compartir la Buena Nueva de su amigo Jesús.

Meditación: Puede parecer extraño centrarse en el costo del discipulado durante este Tiempo Pascual. Pero ¿qué mejor momento para recordar el poder del amor sacrificial? Tertuliano, un escritor de Cartago del siglo II, dijo que "la sangre de los mártires es la semilla de la iglesia". Los no creyentes buscaban a los cristianos para averiguar por qué valía la pena morir por Jesús. ¿Qué razón darías tú?

Oración: Pastor bueno y misericordioso, hazte amigo nuestro en las buenas y en las malas, y permanece con nosotros en el peligro mientras damos testimonio de tu amor.

Dios es bueno

Lecturas: Hch 13, 13-25; Jn 13, 16-20

Escritura: Proclamaré sin cesar la misericordia del Señor. (Sal 89, 2)

Reflexión: Durante el Tiempo Pascual, los Hechos de los Apóstoles nos narran las hazañas y los viajes de los apóstoles tras la resurrección y ascensión de Jesús. Estos primeros evangelistas, capacitados por el mandato de Jesús de ir por todo el mundo predicando la Buena Nueva, hicieron precisamente eso. En unos treinta años, el cristianismo se extendió por todo el Imperio Romano. Y esto ocurrió sin aviones, trenes ni automóviles, así como sin las comodidades de la comunicación instantánea o gran cantidad de hoteles en los que alojarse. Sin mencionar que, si los apóstoles se sintieron intimidados por el encargo de Jesús, el Espíritu debió de darles la energía y el vigor necesarios para llevar a cabo la tarea.

La primera generación de evangelistas cristianos proclamó la misericordia del Señor. Se puede decir que los cristianos retomaron la fe donde la habían dejado sus antepasados. Israel conoció de primera mano la misericordia de Dios cuando fue liberado de la esclavitud, recibió la alianza de Dios, se estableció en la Tierra Prometida y fundó una monarquía. Conocían la misericordia de Dios incluso en el exilio. Muchos judíos reconocieron en Jesús el cumplimiento de las promesas de Dios, y muchos que no eran judíos llegaron a creer que la alianza de Dios con Israel se había extendido para incluirlos. En efecto, Dios es bueno.

Cada proclamación continua de la misericordia de Dios es también un recordatorio para que seamos embajadores de esa misericordia. Nuestras palabras y acciones reflejan para los demás no sólo quiénes somos, sino quién es Dios para nosotros.

Meditación: Llevar un diario de gratitud se ha hecho popular en los últimos años, en parte porque es una práctica psicológica saludable que mejora los hábitos de sueño y el estado de ánimo. La gratitud es también una parte esencial de nuestra vida espiritual. Tal vez podríamos adaptar un poco esta práctica, llevando un diario no de nuestra gratitud sino de la misericordia de Dios. Esto puede agudizar nuestra capacidad de ver a Dios que obra, no sólo en nuestras propias vidas, sino en el mundo entero.

Oración: Pastor bueno y misericordioso, renueva en nosotros el fervor de aquellos primeros evangelistas para que también nosotros proclamemos tu misericordia.

El poder de habitar

Lecturas: Hch 13, 26-33; Jn 14, 1-6

Escritura: "Cuando me vaya y les prepare un sitio, volveré y los llevaré conmigo, para que donde yo esté, estén también ustedes". (Jn 14, 3)

Reflexión: Una de las cosas más sorprendentes y casi incomprensibles de Jesús es que se convirtió en uno de nosotros en un momento determinado. Dios decidió hacer algo más que caminar en sentido figurado con nosotros; Dios eligió unirse plenamente a nosotros: nacido de una mujer, criado en un hogar judío típico y educado en la tradición de fe de María y José.

Al comienzo del Evangelio de Juan, Jesús es identificado como el Verbo de Dios hecho carne que "puso su tienda entre nosotros" (1, 14) En la antigüedad, Dios habitaba con su pueblo en el tabernáculo del desierto y luego en el templo de Jerusalén, donde sólo a muy pocos se les permitía acercarse a la presencia de Dios en el Santo de los santos. En Jesús, Dios habita entre todos los hombres como ser humano.

Pablo se hace eco de este notable desarrollo cuando escribe que "él compartía la naturaleza divina, y no consideraba indebida la igualdad con Dios". En cambio, "se redujo a nada" para llenarse de humanidad (Flp 2, 6-7). En el Evangelio de hoy, Jesús nos dice que quiere que estemos llenos de divinidad y que habitemos donde él habita por toda la eternidad.

Los seres humanos no son tratados como un experimento por Dios o una prueba para el Hijo de Dios. Más bien, somos un producto del amor de Dios y una extensión de su presencia en el mundo, por lo que disfrutaremos de habitar con Dios por toda la eternidad.

Jesús recuerda a sus seguidores que no está enseñando una filosofía ni proponiendo una verdad más para que la estudiemos. El propio Jesús *es* el camino, *es* la verdad, y *es* la vida que buscamos vivir.

Meditación: La propia idea de que Dios habita con nosotros en Jesús para que podamos habitar con él para siempre nos hace reflexionar. Habitar es quedarse, morar o instalarse. Quien habita se compromete a algo más que una visita rápida. Dios, que habita con nosotros en Jesús, acoge toda la experiencia humana y continúa caminando con nosotros en todo momento.

Oración: Pastor bueno y misericordioso, ayúdanos a desear estar contigo tanto como tú te has comprometido a habitar con nosotros.

Creer lo que vemos

Lecturas: Hch 13, 44-52; Jn 14, 7-14

Escritura:
La tierra entera ha contemplado
la victoria de nuestro Dios. (Sal 98, 3)

Reflexión: Hace varias semanas, al comenzar el Tiempo Pascual, reflexionamos juntos sobre por qué algunos de los que vieron a Jesús resucitado no creyeron. Las lecturas de hoy nos llevan de nuevo a esta pregunta. En la lectura del Evangelio de Juan, los apóstoles reunidos en la Última Cena se demoran en darse cuenta; todavía no están seguros de que Jesús sea el Hijo de Dios. La escena de Hechos refleja el periodo posterior a la ascensión de Jesús, cuando muchos rechazaban el mensaje de los apóstoles sobre la resurrección de Jesús.

El salmista proclama: "La tierra entera ha contemplado la victoria de nuestro Dios". Así que todos han visto a Dios obrando, pero quizá no todos son conscientes de lo que están viendo. Si queremos conocer el poder de Dios en nuestro mundo, debemos ser lo suficientemente humildes como para dejar de lado cualquier pensamiento rígido que impida que nuestra *visión* se convierta en *perspicacia*. Debemos estar dispuestos a mirar a nuestro alrededor como si acabáramos de ponernos lentes nuevos en las gafas. ¿Vemos sólo lo superficial o miramos más profundamente? ¿Podemos reconocer cuándo crece la bondad incluso si el "suelo" que la produce no parece ser un lugar obvio para el crecimiento? ¿Estamos dispuestos a dejar que Dios sea Dios en lugar de moldear a Dios a nuestra propia imagen o según nuestras preferencias?

El poder salvador de Dios no se limita a raras ocasiones milagrosas. El poder de Dios es evidente en cosas que damos por sentadas, como las maravillas de la naturaleza y el modo en que nuestro cuerpo cambia a lo largo de las épocas de nuestra vida. Se encuentra tanto en actos simples de servicio como en momentos profundos de abnegación. El poder de Dios aparece cuando la reconciliación sustituye a la venganza, la restauración al castigo y la justicia a la opresión y al olvido.

Meditación: Aunque el poder de Dios puede parecer a veces abrumador, la mayoría de las veces se manifiesta de manera sutil: a veces apenas podemos percibirlo cuando se compara con el típico poder político y económico. Según tu experiencia, ¿cómo ejerce Dios su poder de maneras inesperadas?

Oración: Pastor bueno y misericordioso, abre nuestros ojos para verte y nuestros corazones para conocerte.

Los discípulos se aman los unos a los otros

Lecturas: Hch 14, 21-27; Ap 21, 1-5a; Jn 13, 31-33a. 34-35

Escritura: " . . . que se amen los unos a los otros, como yo los he amado; y por este amor reconocerán todos que ustedes son mis discípulos". (Jn 13, 35)

Reflexión: Recuerdo haber presenciado cómo tenía lugar un debate intenso (que luego se iba de las manos) en una reunión parroquial y haber pensado para mis adentros: "Si así nos tratamos unos a otros aquí, en nuestra propia parroquia, donde compartimos valores comunes, no me extraña que nos cueste mostrar amor a personas cuyos valores son completamente distintos a los nuestros". Pero tal vez sea más fácil actuar con cariño con personas que no conocemos.

La escena del Evangelio de hoy tiene lugar justo después de que Jesús lavara los pies a sus discípulos reunidos para su última cena juntos. No puedo evitar preguntarme qué habría pasado en nuestra reunión parroquial si alguno de los líderes hubiera llenado tranquilamente un recipiente con agua, hubiera agarrado una toalla y se hubiera puesto a lavar pies. ¡Hablo en serio! Sin calcetines ni zapatos, totalmente desprevenidos para este ritual, todos habríamos estado en igualdad de condiciones, reducidos, por así decirlo, a pares de pies sucios. Tengo la sensación de que nos habría quitado la rabia y nos habría ayudado a razonar juntos de una forma más cariñosa y respetuosa.

En estas horas previas a su detención, Jesús sigue preocupado por su misión divina de demostrar el amor de Dios a todos los hombres. Sus discípulos sólo podrán dar testimonio de él, acoger a otros en su comunidad, en la medida en que demuestren amor entre ellos: siendo respetuosamente sinceros unos con otros, estando dispuestos a perdonar, siendo generosos en el servicio y alegres en su fe común.

Meditación: Los auxiliares de vuelo comienzan cada vuelo con anuncios de seguridad, incluidas instrucciones para ponerse primero la máscara de oxígeno antes de ayudar a los demás a hacer lo mismo en caso de emergencia. No es un acto egoísta; es esencial y práctico. ¿Podría asemejarse a ese procedimiento el hecho de mostrar amor a los demás en nuestras comunidades de fe? ¿Podemos esforzarnos primero en amarnos los unos a los otros, de modo que seamos capaces de dar testimonio de manera eficaz a los demás de que nuestro Dios es amor?

Oración: Jesús, tú nos mandas amar como tú amas. Danos hoy la determinación de ser generosos en nuestras relaciones con los demás feligreses.

Reconocer a nuestros falsos dioses

Lecturas: Hch 14, 5-18; Jn 14, 21-26

Escritura: "Les predicamos el Evangelio que los hará dejar los falsos dioses y convertirse al Dios vivo, que hizo el cielo, la tierra, el mar y todo cuanto contienen". (Hch 14, 15)

Reflexión: Creo que la mayoría de nosotros asociamos rápidamente la idolatría con las prácticas de culto paganas. Los cananeos rendían culto, entre otros dioses, a Baal; los griegos y los romanos tenían sus panteones de dioses, y los romanos llegaban a rendir culto al emperador como a un dios. Incluso en las culturas modernas, los líderes políticos son a veces objeto de culto. El Salmo 135 se lamenta de los falsos dioses, que son meras estatuas, con ojos que no ven y bocas que no hablan. Pablo y Bernabé llaman a los habitantes de Listra a abandonar los falsos dioses para rendir culto al Dios vivo, el Dios que participa activamente en la creación y la redención.

Pero en la tradición bíblica, la idolatría es mucho más amplia que el culto pagano. Los profetas de Israel y Judá retrataron la relación o pacto de Dios con nosotros como un matrimonio, por lo que la lealtad a cualquier tipo de falsos dioses puede considerarse adulterio. Esta descripción íntima de nuestra relación con Dios puede hacer que nos sintamos un poco incómodos. Buscar nuestra realización final confiando o deseando algo más que a Dios es idolatría. ¿Cuáles son nuestros falsos dioses? ¿Estamos dispuestos a reconocerlos? ¿Cómo estamos llamados a rendir culto al Dios vivo?

Para algunos de nosotros el obstáculo es mantener una imagen determinada. Para otros puede ser la vanidad, la popularidad en las redes sociales, alcanzar un determinado nivel de ingresos, consumir alcohol o drogas para eludir responsabilidades o el juego. Un autoexamen puede revelar dónde tenemos más necesidad de un nuevo compromiso con buscar primero el reino de Dios, rendir culto sólo al Dios de la creación y la redención.

Meditación: ¿Dónde invierto el tesoro de mi tiempo? ¿El tesoro de mis recursos financieros? ¿El tesoro de mi corazón? ¿Busco la voluntad de Dios en la forma en que uso mi tiempo, mi dinero y mi devoción? Jesús promete en el Evangelio de hoy que enviará al Espíritu para enseñarnos y recordarnos todo lo que necesitamos. Cada día pedimos al Espíritu que dirija nuestra devoción hacia el Dios vivo.

Oración: Jesús, tú nos mandas amar como tú amas. Ayúdanos a poner tu amor por encima de todo, para que podamos reconocer adónde nos llevas y cómo quieres que invirtamos el tesoro de nuestras vidas.

Persistencia nacida de la amistad

Lecturas: Hch 14, 19-28; Jn 14, 27-31a

Escritura:
" . . . que todos tus fieles te bendigan.
Que proclamen la gloria de tu reino". (Sal 144, 10-11)

Reflexión: En este día, la iglesia ha seleccionado el Salmo 144 como respuesta a nuestra lectura de los Hechos y como preludio de nuestra lectura del Evangelio, que es una parte del discurso de la Última Cena de Jesús en el Evangelio de Juan. Si leemos o escuchamos con atención, nos podría parecer casi irónico ensalzar los esplendores del reino de Dios entre dos lecturas que suenan con notas agridulces.

Pablo escapa a duras penas de la muerte en la escena de los Hechos; entonces él y Bernabé hablan a la iglesia de Antioquía sobre la necesidad de experimentar dificultades para entrar en el reino de Dios. Y en el Evangelio, Jesús trata de preparar a sus seguidores para las realidades a las que se enfrentarán, reconociendo que estarán preocupados y asustados, y que él se ausentará por un tiempo, pero que volverá. Ambas lecturas evitan la trampa de centrarse sólo en el lado "glorioso" de la evangelización. La dura realidad es que la resistencia a la Buena Nueva es incómoda e incluso puede ser peligrosa.

Pero Jesús, los apóstoles e incluso el salmista nunca pierden de vista su objetivo, y persisten en proclamar el bien que Dios está haciendo. Cuando rezamos el Salmo 144, no estamos ignorando la realidad de las dificultades o el costo de trabajar por el reino; por el contrario, nos estamos recordando a nosotros mismos la profunda verdad de que Dios nos ha llamado fieles, y que el reino de Dios no está fuera de nuestro alcance. Nuestra amistad con Dios y el profundo sentido de paz que se nos da nos prepararán para lo que nos aguarde.

Meditación: A veces los relatos de los viajes de los apóstoles por el Mediterráneo parecen una película de acción. Los apóstoles nunca parecen cansarse, ni vacilan en sus convicciones sobre Jesús. ¿No te gustaría imaginar las conversaciones íntimas que tendrían a altas horas de la noche, compartiendo con Dios su cansancio y sus miedos? ¿Qué les dio a ellos (y qué nos da a nosotros) la capacidad de perseverar?

Oración: Jesús, tú nos mandas amar como tú amas. Danos la gracia de tu amistad y el don de la paz, aun cuando nuestros esfuerzos nos lleven a aguas profundas que amenazan con hundirnos.

Producir el fruto de la vid

Lecturas: Hch 15, 1-6; Jn 15, 1-8

Escritura: "Permanezcan en mí y yo en ustedes. Como el sarmiento no puede dar fruto por sí mismo, si no permanece en la vid, así tampoco ustedes, si no permanecen en mí". (Jn 15, 4)

Reflexión: En parte porque prosperaban en la región, las vides y los viñedos se convirtieron en una forma simbólica de hablar de Israel en la tradición judía. El profeta Oseas comparó a Israel con una vid frondosa y luego se lamentó de cómo la abundante cosecha conducía a rendir culto a falsos dioses (10, 1). Del mismo modo, Jeremías dijo que Israel fue plantado como una vid fina que resultó ser detestable y espuria (2, 21). Todo el Salmo 80 es una súplica a Dios para que restaure a Israel, una vid que fue traída de Egipto y llenó la tierra de frutos.

En el Evangelio de Juan, Jesús retoma esta imagen y habla de sí mismo como la "verdadera vid" cuyo crecimiento no será corrompido ni frustrado. Las vides y los sarmientos se convierten en la analogía perfecta para hablar de lo importante que es permanecer o habitar en Cristo y permitir que Cristo permanezca o habite en nosotros. La vid proporciona las raíces y los nutrientes necesarios para el crecimiento, y los sarmientos proporcionan frutos que a su vez fortalecen toda la planta. Las vides y los sarmientos comparten una relación mutua o simbiótica, como la de Jesús y sus seguidores.

Macrina Wiederkehr, OSB, dice que habitar o permanecer es como "velar": una hermosa manera de imaginar la tierna devoción de Jesús, que vigila y espera con nosotros mientras crecemos y damos fruto. Y también nosotros velamos con Jesús, escuchando y estando atentos a la enseñanza que necesitamos para nutrirnos y el compromiso que necesitamos para crecer y producir el fruto que nutrirá a los demás.

Meditación: Jesús pide que demos mucho fruto y nos convirtamos en sus discípulos. ¿Dónde buscas el fruto de permanecer o habitar con Jesús que se ha dado en tu vida? ¿Hay personas de tu confianza que puedan ayudarte a discernir el tipo de fruto que estás produciendo como resultado de permanecer en Cristo?

Oración: Jesús, tú nos mandas amar como tú amas. De nuestro amor por ti, produce frutos duraderos y tangibles, frutos que alimenten a quienes están hambrientos del arraigo que tú proporcionas.

La alegría no se puede robar

Lecturas: Hch 15, 7-21; Jn 15, 9-11

Escritura: "Permanezcan en mi amor . . . Les he dicho esto para que mi alegría esté en ustedes y su alegría sea plena". (Jn 15, 9. 11)

Reflexión: Recuerdo vívidamente estar en una conferencia hace muchos años en la que el ponente nos preguntó a una gran multitud si creíamos que el Evangelio era "buena noticia". Cuando le respondimos con un "Sí" rotundo, dijo: "¡Entonces cuéntenselo a su cara!". Las dificultades que conlleva el discipulado no pueden borrar la alegría de éste.

Henri Nouwen, uno de los grandes escritores espirituales de finales del siglo XX, decía que la alegría no nos llega porque sí, sino que es algo que elegimos: "Es una elección basada en el conocimiento de que pertenecemos a Dios y hemos encontrado en Dios nuestro refugio y nuestra seguridad, y de que nada, ni siquiera la muerte, puede quitarnos a Dios". En otras palabras, la alegría de los cristianos no es simplemente una reacción emocional. Está impregnada del amor de Dios por nosotros y se extiende a nuestro amor por los demás. Nouwen, transparente sobre sus propias luchas espirituales y emocionales, conoció profundamente este amor y esta alegría por experiencia propia, especialmente en sus últimos años viviendo en una comunidad de El Arca a las afueras de Toronto. Allí ejerció de capellán, cuidador y amigo de la comunidad mixta de personas con y sin discapacidades intelectuales y físicas.

En nuestras rutinas diarias, elegimos la alegría porque conocemos el amor de Dios, pero ¿qué pasa con esos momentos en los que el amor de Dios no se siente real o tangible, cuando nos sentimos lejos de Dios? Mi consejo es sencillo: en estos tiempos elijamos de todos modos la alegría, y seguramente volveremos a descubrir el amor permanente de Dios.

Meditación: Dorothy Day, periodista estadounidense, activista por la paz y cofundadora del movimiento del Trabajador Católico, conocía los retos de trabajar por el cambio social a través del lente del Evangelio. Su trabajo con los pobres y los oprimidos era un asunto serio. Y, sin embargo, dijo que los cristianos están llamados al "deber de deleitarse". ¿Cómo dejas espacio para la alegría y el gozo en tu testimonio del Evangelio?

Oración: Jesús, tú nos mandas amar como tú amas. Que el amor que mostramos a los demás esté inundado de la alegría de encontrarte presente en cada persona con quien nos encontramos.

¿Quién busca a quién?

Lecturas: Hch 15, 22-31; Jn 15, 12-17

Escritura: "No son ustedes los que me han elegido, soy yo quien los ha elegido y los ha destinado para que vayan y den fruto y su fruto permanezca". (Jn 15, 16)

Reflexión: Durante la mayor parte de mi vida he considerado que los personajes de la Biblia, así como los santos canonizados y otras personas santas, buscaban y luego encontraban a Dios. ¿No le dice Isaías a Israel: "Busquen a Yavé ahora que lo pueden encontrar, llámenlo ahora que está cerca" (55, 6)? ¿Y no promete Jeremías al pueblo de Dios que encontrarán a Dios si lo buscan de todo corazón (29, 13)? Incluso Jesús dice a sus seguidores que busquen el reino de Dios (Mt 6, 33).

Sin embargo (¡y este es un buen "sin embargo"!), gran parte de lo que leemos en nuestras Biblias y en la historia cristiana muestra claramente que en realidad es *Dios* quien siempre nos busca a *nosotros*. Moisés no buscaba a Dios; Dios lo estaba buscando e incluso prendió fuego a un arbusto para llamar su atención. Ni uno solo de los profetas bíblicos salió en busca de Dios (o de una nueva misión, para el caso), sino que Dios los encontró y los comisionó en medio de sus rutinas diarias. María no buscaba a Dios ni le pedía ningún favor, pero Dios encontró gracia en ella y la buscó para que diera a luz a su

Hijo. Tanto el profeta Ezequiel como Jesús nos dicen que Dios, el Buen Pastor, busca a su pueblo, a sus ovejas.

Es una lección de humildad saber que el Creador del universo no sólo está dispuesto a buscarnos, sino que está ansioso de hacerlo. Simplemente se necesita un espíritu de apertura a la presencia de Dios para poder escuchar la llamada de Dios. Incluso un "sí" vacilante como respuesta le da a Dios la oportunidad de enviarnos a trabajar, de "ir y dar fruto" que perdure.

Meditación: ¿Dónde sientes que Dios te está llamando en este momento de tu vida? ¿Estás dispuesto a decir que sí? Si no es así, ¿por qué dudas? Pide a Dios que te dé valor para ir adonde Dios te guíe y hacer lo que puedas.

Oración: Jesús, tú nos mandas amar como tú amas. Abre los ojos y los oídos de nuestros corazones para que reconozcamos tu llamada, y danos la humildad de decir sí a lo que quieres que cada uno de nosotros haga por ti.

Afrontar la vida con valentía

Lecturas: Hch 16, 1-10; Jn 15, 18-21

Escritura: "Si a mí me han perseguido, también a ustedes los perseguirán, y el caso que han hecho de mis palabras lo harán de las de ustedes". (Jn 15, 20)

Reflexión: ¿Te sientes como en una montaña rusa de emociones esta semana? Puede parecer que tanto la persecución como la alegría aparecen un día sí y otro no. Tal vez sea así con la vida cotidiana: un día tenemos al mundo bajo control y al día siguiente sentimos que el mundo nos ha vencido. Jesús no era ajeno a estos ritmos de lo que significa ser humano, tomando lo malo y lo bueno. Y Jesús nos ayuda a encontrar sentido a ambas cosas.

Al decir a sus discípulos que sufrirán como él y que se confiará en ellos como en él, Jesús está diciendo algo parecido a: "Así de cerca estoy de ti, y así de unida está tu vida a la mía. Cuando la gente te ve, también me ve a mí". Sus palabras pretendían recordar a los discípulos que él no era inmune al sufrimiento y que ellos mismos no debían esperar menos. Sus palabras también los animan y les aseguran que participan de su poder y autoridad, especialmente entre los fieles.

Hace unos años sufrí una fuerte caída cuando me dirigía a dar una presentación en un edificio donde me esperaba un grupo de estudio de las Escrituras. Estuve de licencia durante un tiempo, ya que me había roto varios huesos de la cara y alrededores. La gente de aquel grupo fue muy buena conmigo durante mi recuperación, y recuerdo que uno de ellos me dijo que, como estaba haciendo la obra de Dios, no debería haberme hecho daño; simplemente no era justo. ¡Cuántas veces queremos que el cristianismo sea como una varita mágica que aleje lo malo de todo seguidor de Jesús! Pero el cristianismo nos pide que afrontemos las cosas difíciles con valentía, como lo hizo Jesús.

Meditación: La vida nos presenta tantas oportunidades de responder a las situaciones como lo haría Jesús. ¿Dónde encuentras esas oportunidades en tu vida en estos días de Pascua?

Oración: Jesús, tú nos mandas amar como tú amas. Ayúdanos a abrazar la condición humana como Jesús la abrazó.

Afrontar nuevas posibilidades

Lecturas: Hch 15, 1-2. 22-29; Ap 21, 10-14. 22-23; Jn 14, 23-29

Escritura: "El Espíritu Santo y nosotros hemos decidido no imponerles más cargas que las estrictamente necesarias…". (Hch 15, 28)

Reflexión: Los primeros cristianos o seguidores de Jesús el Cristo eran judíos. Es fácil olvidarlo ya que gran parte del Nuevo Testamento se escribió cuando sus seguidores predicaban en nuevos territorios, y cuando finalmente se convirtieron en una entidad separada del judaísmo. Incluso las primeras cartas de Pablo, escritas antes del primer Evangelio, muestran rastros de las tensiones que crecían entre las sectas tradicionales del judaísmo y esta secta más reciente, cuyos miembros creían que Jesús era el Mesías tan esperado.

Las lecturas de los Hechos de esta semana siguen los esfuerzos misioneros de algunos de los apóstoles más allá de las fronteras familiares de Israel y el judaísmo. Al principio buscan enclaves judíos por toda la región, pero pronto muchos gentiles responden al mensaje de los apóstoles y solicitan el bautismo. Los líderes de la iglesia primitiva se reunieron en Jerusalén para escuchar lo que estaba sucediendo en el ámbito misionero y determinar cómo proceder respecto a los conversos gentiles. ¿Debían convertirse primero en judíos para ser miembros de la comunidad cristiana?

¿O es la fe en Jesús, en sí misma un don, suficiente para "calificar" a los gentiles como verdaderos creyentes y miembros de pleno derecho de la iglesia?

La decisión del Concilio recorrió la región: no era necesario ser judío para ser cristiano. Lo que es de particular importancia en este relato es que esta decisión trascendental vino del Espíritu Santo y de la iglesia. Jesús no dejó instrucciones específicas sobre este inevitable desarrollo entre los gentiles, pero sí prometió que el Espíritu ayudaría a sus seguidores. Esta decisión temprana de la iglesia emergente es un ejemplo profundo de cómo la doctrina y la práctica seguirían tomando forma a lo largo de los siglos.

Meditación: Cuando la iglesia o los cristianos individualmente se enfrentan a decisiones difíciles, tenemos dos caminos que nos ayudan a llegar a una solución. El primer camino es ofrecer nuestras preocupaciones, ideas y esfuerzos al Espíritu para que nos ayude a guiarnos. El segundo es hacer el trabajo duro de recopilar información y considerar cuidadosamente las opciones. ¿Cómo podría ayudar este proceso a garantizar una respuesta sana cuando no estamos seguros de algo?

Oración: Oh Dios, es tu voluntad atraer a todos hacia ti. Que nuestras decisiones a nivel local e internacional reflejen lo que la tradición nos enseña y lo que el Espíritu nos guía a comprender.

Discipulado y hospitalidad

Lecturas: Hch 16, 11-15; Jn 15, 26-16, 4a

Escritura: . . . había una mujer, llamada Lidia . . . Después de recibir el bautismo junto con toda su familia, nos hizo esta súplica: "Si están convencidos de que mi fe en el Señor es sincera, vengan a hospedarse en mi casa". Y así, nos obligó a aceptar. (Hch 16, 15)

Reflexión: La llegada de Silas y Pablo a Filipos propició el establecimiento de la primera comunidad cristiana en la actual Europa. Se dice que Lidia, una mujer acomodada, fue inicialmente la líder de la iglesia que se estableció allí. Invitaba a la comunidad a su casa para estudiar la Palabra y compartir el pan.

Pero antes de todo eso, Lidia era una de las mujeres que estaban en el río cuando llegaron los misioneros. Podríamos ver aquí algunos paralelismos con la escena evangélica de Jesús y la samaritana junto al pozo. En ambos casos, no es habitual que los hombres conversen en público con mujeres; en ambas historias, las mujeres participan activamente en el debate; y, finalmente, ambos encuentros conducen a que aparentes forasteros acepten que Jesús es realmente el Mesías y el Hijo de Dios.

Aceptar a Jesús en el bautismo, como hizo Lidia, no es el final de su historia, sino sólo el principio. Lo primero que hace Lidia es ofrecer hospitalidad a Silas y Pablo. Así como le compartieron la historia de Jesús, ahora ella les abre las puertas de su casa. En la breve descripción de su encuentro vemos que la hospitalidad que cada uno ofrecía no era una mera costumbre, sino una expresión de su fe compartida.

Esta comunidad de Filipos sigue ofreciendo un generoso apoyo económico y de oración a la actividad misionera de Pablo. Por eso no es de extrañar que la carta de Pablo a los Filipenses sea una de las más alegres de todos sus escritos.

Meditación: Imagina lo que habrán sentido las mujeres reunidas junto al río cuando se les acercaron estos viajeros desconocidos. Tal vez por la seguridad que les daba el ser numerosas, se sintieron cómodas hablando con los hombres y escuchando su historia. Lidia fue receptiva porque "el Señor le tocó el corazón para que aceptara el mensaje de Pablo". Que nosotros también tengamos un corazón así.

Oración: Oh Dios, es tu voluntad atraer a todos hacia ti. Ayúdanos a imitar a los apóstoles y a buscar oportunidades para compartir con los demás las maravillas de tu amor.

Un terremoto transformador

Lecturas: Hch 16, 22-34; Jn 16, 5-11

Escritura: El carcelero se los llevó aparte, y en aquella misma hora de la noche les lavó las heridas y enseguida se bautizó él con todos los suyos. (Hch 16, 33)

Reflexión: En Filipos, Pablo y Silas sanan a una joven esclava que estaba siendo utilizada por sus dueños como adivina. Una vez que se sanó de su enfermedad (posesión por un espíritu, según los Hechos), sus dueños se dan cuenta de que ya no pueden aprovecharse de ella. Arremeten contra Pablo y Silas y hacen que los arresten. Los dos hombres son golpeados y metidos en un calabozo aislado donde les encadenan los pies a una estaca.

A pesar de todas las precauciones tomadas para evitar la fuga de los prisioneros, esa noche, mientras están rezando, un fuerte terremoto sacude la cárcel con tanta fuerza que las puertas de la prisión se abren y sus cadenas se rompen. El guardia está dispuesto a suicidarse, creyendo que los prisioneros han escapado, pero tanto Pablo como Silas le gritan para asegurarle que siguen allí. En un maravilloso giro de los acontecimientos, el carcelero se humilla ante los dos misioneros, preguntando cómo puede salvarse.

El carcelero que estaba dispuesto a suicidarse por vergüenza ahora está ansioso por llevar a los prisioneros a su casa para lavar sus heridas. Al igual que Lidia, el carcelero abre la puerta a la fe a través de la hospitalidad. Cumplir con su deber para con el imperio pasa a segundo plano al servicio de las necesidades de los mensajeros de Dios. Creer en la justicia de la ley imperial está ahora en un lejano segundo plano frente a creer en Dios. Más aún, la fe que lleva al carcelero y a su familia al bautismo se parece más a la confianza que al asentimiento intelectual. Han llegado a conocer a Dios y a confiar en él a través de una experiencia de bondad humana más que a través de una explicación de la doctrina. ¿No es así como Dios obra a menudo?

Meditación: Afortunadamente, la mayoría de nosotros nunca experimentaremos el terror de un terremoto real. Pero hay momentos en nuestras vidas que pueden parecer un terremoto espiritual. Cuando un acontecimiento o una serie de acontecimientos alteran nuestra visión del mundo, es el momento de ponernos de rodillas y pedir a Dios que nos despoje de nuestro apego a falsas seguridades y nos guíe hacia lo que es verdadero y duradero.

Oración: Oh Dios, es tu voluntad atraer a todos hacia ti. Así como usaste las fuerzas de la naturaleza para despertar la fe en el carcelero de Filipos, usa tu poder para despertarnos de la complacencia.

Predicar en mundos nuevos

Lecturas: Hch 17, 15. 22–18, 1; Jn 16, 12-15

Escritura: El Dios que hizo el mundo y todo cuanto hay en él . . . determinó las épocas de su historia y estableció los límites de sus territorios. Dios quería que lo buscaran a él y que lo encontraran, aunque fuera a tientas, pues en realidad no está lejos de nosotros . . . (Hch 17, 24. 26-27)

Reflexión: La Buena Nueva de Jesús es firme, inmutable y verdadera. Sin embargo, la manera de predicar esa Buena Nueva debe tener en cuenta las diversas culturas en las que se proclama. ¿Cuáles son los intereses y valores de un pueblo concreto? ¿Cómo se expresan en público y en privado? ¿Cómo funciona su lengua? A lo largo de los siglos, los métodos de evangelización más eficaces y duraderos han mostrado una gran sensibilidad hacia pueblos y culturas diversos.

La evangelización no puede reducirse a aprender un guión que se utilice en todas las circunstancias. La evangelización consiste más bien en forjar relaciones entre las personas, relaciones auténticas que presenten y encarnen al Dios que conocemos y deseamos compartir con los demás.

Cuando Pablo llega a Atenas, el centro intelectual del Imperio Romano, prueba una forma muy distinta de atraer a la gente a la Buena Nueva de la que empleaba habitualmente entre sus compatriotas judíos, o entre los gentiles de regiones más alejadas. Se trata de personas cuya cultura está inmersa tanto en la religión como en la filosofía. Están interesados en escuchar ideas nuevas y parecen buscar activamente un sentido. Pablo reconoce que puede utilizar esta inclinación religiosa natural y esta búsqueda de sentido para presentarles al Dios verdadero que da sentido a toda la creación. Con la esperanza de atraerlos a querer escuchar más, predica utilizando el lenguaje intelectual expansivo de la filosofía y la poesía en lugar del lenguaje religioso del judaísmo monoteísta.

Quienes imponen su propia cultura como parte del mensaje cristiano perjudican al Evangelio y a las personas a las que evangelizan. Los que se sumergen en la vida de las personas con las que se encuentran son más capaces de predicar y enseñar el Evangelio de una manera que resuena y se arraiga profundamente.

Meditación: Si no estás familiarizado con algunos de los esfuerzos misioneros de los cristianos contemporáneos, busca información sobre personas como el Beato Stanley Rother, que sirvió en Guatemala, o el P. Gregory Boyle y Homeboy Industries, una organización que ayuda a la gente a salir de las pandillas de la zona del este de Los Ángeles. Ellos aprendieron a hablar el idioma cultural de las personas a las que aman y sirven.

Oración: Oh Dios, es tu voluntad atraer a todos hacia ti. Danos la gracia de encontrar a las personas en sus propias circunstancias antes de expresar lo que deseamos compartir.

29 de mayo: Jueves de la sexta semana de Pascua
(o la Ascensión del Señor)

Fuera de lugar

Lecturas: Hch 18, 1-8; Jn 16, 16-20 (o Hch 1, 1-11; Ef 1, 17-23 o Heb 9, 24-28; 10, 19-23; Lc 24, 46-53)

Escritura: "Les aseguro que ustedes llorarán y se entristecerán, mientras el mundo se alegrará. Ustedes estarán tristes, pero su tristeza se transformará en alegría". (Jn 16, 20)

Reflexión: ¿Alguna vez has sentido que percibías algo que los demás no percibían? O quizá a veces te sientes desorientado ante el mundo que te rodea, como si estuvieras fuera de lugar. Eso no es necesariamente algo malo. Como cristianos, no es raro no estar en sintonía con la cultura dominante; de hecho, a menudo el cristianismo es contracultural.

En el Evangelio de hoy, Jesús resucitado prepara a sus seguidores para el momento en que no esté físicamente presente entre ellos. Sabe que será una situación confusa y que no se sentirán a gusto con todo lo que sucederá a su alrededor. Jesús los tranquiliza prometiéndoles que volverán a verlo y que el Espíritu habitará con ellos.

En Juan 16, vemos el ciclo de lo que el biblista Walter Brueggemann llama "orientación, desorientación y reorientación". Los seguidores más cercanos de Jesús parecen estar entrando en el ritmo del discipulado cuando Jesús es arrestado y crucificado. Su mundo se derrumba de muchas maneras. Sus esperanzas respecto a su papel como Mesías se desvanecen, pero serán llamados a una comprensión más profunda cuando se encuentren con el Señor resucitado. Del mismo modo, después de la resurrección, seguramente sentirán una esperanza renovada sólo para que se les diga que Jesús volverá al Padre. Su período de desorientación los conducirá de nuevo a una comprensión más profunda de cómo Jesús permanece con ellos a través del Espíritu.

Este ciclo no es un proceso rápido. De hecho, en cierto modo seguimos lidiando con la desorientación de tener un Mesías que sufre, pero vivimos con la esperanza de que nuestro propio sufrimiento nos lleve a la reorientación total de la vida nueva en Cristo.

Meditación: Cuando nos sentimos fuera de sintonía con el mundo que nos rodea, ¿qué puede estar haciendo Dios en nuestro interior? ¿Están saliendo a la luz nuestras falsas seguridades? ¿Nos estamos conformando con las cosas como son y necesitamos que se nos recuerde que el Reino de Dios es totalmente distinto de este mundo?

Oración: Oh Dios, es tu voluntad atraer a todos hacia ti. Acompáñanos cuando nos sentimos confundidos por la crisis o la duda, y danos la seguridad de caminar contigo.

La alegría de la amistad

Lecturas: Hch 18, 9-18; Jn 16, 20-23

Escritura: " . . . pero yo los volveré a ver, se alegrará su corazón y nadie podrá quitarles su alegría".
(Jn 16, 22)

Reflexión: Tengo una amiga muy querida en Australia, literalmente al otro lado del mundo. Otra gran amiga está en Canadá, y mi compañera de cuarto de la universidad, en Wisconsin. Aunque de vez en cuando hablamos por teléfono o correo electrónico, hace tiempo que no veo a ninguna de estas amigas en persona. Las extraño. Extraño las tazas de té con largas y profundas conversaciones. Extraño pasar tiempo con ellas y las risas que siempre compartimos. Pienso en cada una de ellas a diario y, en mis oraciones, doy gracias a Dios por su presencia constante, incluso desde su ausencia física. Viven en mi corazón como regalos que nunca dejan de dar.

Mientras aprendo a pintar con acuarela, pienso en Pat y en su espíritu artístico. Mi compañera de cuarto no solo vivía rodeada de creatividad, la cual aún me sigue influenciando, sino que también me hizo apreciar más a San Francisco, a quien ella emulaba. Dorian me enseña a vivir con fuerza y con ternura; afronta cada situación con ambas cualidades. ¿Y Jan? Jan está presente conmigo cuando leo las Escrituras porque su vida las encarna muy bien. Sé que volveré a ver a cada una de ellas en este mundo o en el otro, y eso ahonda la alegría que siento cuando pienso en ellas o rezo por ellas.

Entre los apóstoles, Jesús demuestra ser un maestro, un sanador y un salvador. Tal vez lo mejor de todo es que Jesús es su amigo, que vive en sus corazones hasta que vuelven a encontrarse. ¡Qué alegría de reencuentro! Lo reconocerán por las innumerables maneras en que ha permanecido vivo y presente para ellos, incluso en su ausencia física.

Meditación: Cuando recordamos el don de la amistad y a los amigos cuyos espíritus permanecen con nosotros incluso cuando estamos separados, vislumbramos la amistad que Jesús nos ofrece. ¿Cuándo sientes su presencia contigo? ¿Cómo te sostiene la amistad con Jesús? ¿Te impulsa a seguir adelante? ¿Te da alegría?

Oración: Oh Dios, es tu voluntad atraer a todos hacia ti. Tú nos has dado tu amistad por medio de Jesús, como don para vivificar nuestros corazones y esperanza que nos da alegría.

31 de mayo:
La Visitación de la Bienaventurada Virgen María

Escucha fiel del Magnificat

Lecturas: Sof 3, 14-18a o Rom 12, 9-16; Lc 1, 39-56

Escritura:
"Mi alma glorifica al Señor
y mi espíritu se llena de júbilo en Dios, mi salvador,
porque *puso sus ojos en la humildad de su esclava.*

Desde ahora me llamarán dichosa todas las generaciones,
porque ha hecho en mí grandes cosas el que todo lo puede.
Santo es su nombre . . . ". (Lc 1, 46-49)

Reflexión: Ojalá la fiesta de la Visitación fuera un día de precepto en la iglesia católica romana. Si así fuera, ¡más personas escucharían la proclamación de este profundo pasaje del Evangelio! Aunque el Cántico de María (o Magnificat) es el salmo responsorial del tercer domingo de Adviento cada tres años, no hay ninguna referencia en el responsorial que indique que es la oración de María cuando visitó a Isabel. El Magnificat no aparece como Evangelio dominical en el ciclo normal de lecturas, y es precisamente el domingo cuando la mayoría de los católicos escuchan la proclamación de las Escrituras. ¡Qué pena!

Sin una exposición periódica a esta oración en labios de María, me temo que nos perdemos la experiencia profundamente transformadora del embarazo de María, no sólo para ella, sino para el mundo entero. María comienza su oración centrándose en lo que Dios ha hecho por ella, pero no se detiene ahí. Por el contrario, María cambia su oración para proclamar la misericordia de Dios para con todos los hombres y describe la inversión total de las prioridades del mundo: los de corazón altanero son dispersados, los potentados son destronados y los ricos descubren la promesa vacía de la riqueza, mientras que los humildes son exaltados y los hambrientos se colman de bienes. Años más tarde, estos mismos temas resonarán en la vida y el ministerio de Jesús.

En la seguridad del hogar de Isabel, dos mujeres embarazadas comparten sus alegrías y esperanzas, y tal vez sus temores. Este escenario ofrece el marco perfecto para una oración que abraza la esperanza de un reino que no se parece a ningún otro.

Meditación: Dedica hoy un tiempo a leer en oración Lucas 1, 39-56. Imagina la alegría de Isabel al saludar a María. Escucha la humildad de María y su valiente proclamación de que Dios acoge a todos, pero está especialmente cerca de los humildes y olvidados. ¿Cómo podrías ser más consciente de tu propia humildad y de la cercanía de Dios?

Oración: Oh Dios, es tu voluntad atraer a todos hacia ti. Ayúdanos a descubrir las carencias que sólo tú puedes satisfacer en nosotros. Que seamos contados entre los humildes.

Contemplar Jerusalén

Lecturas: Hch 1, 1-11; Ef 1, 17-23 o Heb 9, 24-28; 10, 19-23; Lc 24, 46-53 (o Hch 7, 55-60; Ap 22, 12-14. 16-17. 20; Jn 17, 20-26)

Escritura: Después [Jesús] salió con ellos fuera de la ciudad, hacia un lugar cercano a Betania; levantando las manos, los bendijo, y mientras los bendecía, se fue apartando de ellos y elevándose al cielo. Ellos, después de adorarlo, regresaron a Jerusalén, llenos de gozo . . . (Lc 24, 50-52)

Reflexión: En la ladera de una colina a las afueras de Jerusalén hay una capilla muy sencilla, más bien un santuario, que conmemora la ascensión del Señor. Desde este lugar, los peregrinos pueden ver la ciudad de Jerusalén e imaginar cómo el Señor resucitado habría contemplado la ciudad sagrada mientras ascendía de regreso a Dios.

Como lugar de la muerte y resurrección de Jesús, Jerusalén representaba para los discípulos tanto la muerte como la vida, una gran tristeza y una alegría absoluta. En esta vida no se puede evitar ninguno de los dos extremos del espectro. La respuesta de los discípulos al regreso de Jesús a su Padre demuestra la necesidad de mantener ambas realidades, de buscar sentido tanto a la angustia como a la alegría. Podríamos suponer que los discípulos se quedarían con un sabor agridulce en la partida de Jesús, pero el Evangelio de hoy nos dice que su respuesta es de alegría y que, en lugar de huir de la ciudad, se quedan allí alabando a Dios en el templo. Es todo lo contrario de lo que ocurrió cuando se escondieron en el cenáculo después de la crucifixión de Jesús, temerosos e incrédulos.

Supongo que todos tenemos nuestros "Jerusalenes": lugares o momentos que asociamos con la mezcla de sobrevivir a una profunda pena o luchar contra una decepción inesperada. Es en la supervivencia y la lucha donde podemos descubrir la sanación y la renovación de la esperanza. Del mismo modo que los discípulos de Jesús pudieron finalmente dejarlo marchar y redescubrir Jerusalén como hogar espiritual, también nosotros podríamos encontrar esperanza y consuelo en nuestras propias "Jerusalenes".

Meditación: La ascensión de Jesús tiene tanto que ver con nuestro desarrollo como discípulos como con el cumplimiento de su misión terrenal. Todos estos siglos después, seguimos aprendiendo lo que significa ser el cuerpo de Cristo en la tierra, seguir dando testimonio de Jesús y participar en la proclamación del reino de Dios. Aunque siempre seremos hijos de Dios, debemos madurar y convertirnos en discípulos adultos, confiando en que el Espíritu nos envolverá con la sabiduría que necesitamos para enfrentarnos al mundo con la misma alegría que los primeros discípulos.

Oración: Espíritu del Dios vivo, renuévanos. Permítenos permanecer cerca de Jesús sin aferrarnos para que podamos madurar y convertirnos en la clase de discípulos que Jesús quiere y el mundo necesita.

La necesidad del Espíritu

Lecturas: Hch 19, 1-8; Jn 16, 29-33

Escritura: . . . y [Pablo] les preguntó: "¿Han recibido el Espíritu Santo, cuando abrazaron la fe?" Ellos respondieron: "Ni siquiera hemos oído decir que exista el Espíritu Santo". (Hch 19, 2)

Reflexión: A veces suponemos que las creencias y prácticas que hoy apreciamos como cristianos eran evidentes desde el principio de la historia de la iglesia. Sin embargo, una lectura atenta del Nuevo Testamento nos dice que las primeras generaciones de creyentes tenían mucho que resolver: la aceptación de los gentiles y lo que eso significaba para los seguidores de Jesús y su relación con el judaísmo, la forma de la liturgia a medida que el cristianismo se extendía de un lugar a otro, e incluso la fórmula y el significado del bautismo, como vemos en nuestra lectura de hoy de los Hechos.

Como ocurre con cualquier movimiento nuevo, el fervor de las etapas iniciales supera la necesidad de precisar los detalles. Los primeros cristianos también se preguntaban cómo seguir el ritmo de lo que Dios estaba haciendo con sus esfuerzos. A medida que los misioneros se dispersaban por la región desde Jerusalén hasta Roma, iban surgiendo rápidamente pequeñas comunidades de creyentes. Creyentes comisionados y no comisionados difundieron la Buena

Nueva de Jesús a una población hambrienta de mensajes ricos y nutritivos, de esperanza y de enseñanzas que encarnaran la verdad.

Por el camino, a algunos de los bautizados no se les había hablado del Espíritu ni lo habían experimentado como parte de su ritual bautismal (véase también Hechos 8; 15-17). Pero para Pablo y para Lucas, el autor de los Hechos, es imposible vivir en y para Cristo sin el Espíritu. Es el Espíritu de Dios quien desciende sobre Jesús en su propio bautismo, y sobre los apóstoles reunidos en Jerusalén tras la crucifixión de Jesús. Es el Espíritu quien une a los creyentes de todas las generaciones, invitándonos a abrir la puerta a nuevas experiencias de la acción de Dios entre nosotros.

Meditación: Creemos que el Espíritu de Dios actúa en la creación y en el perfeccionamiento de las enseñanzas de la iglesia. Al mismo tiempo, sabemos que el Espíritu no ha terminado con nosotros ni con la profundización de nuestra valoración de la misericordia de Dios, siempre creciente. Cuando pedimos al Espíritu que habite nuestros días, estamos pidiendo que se haga la voluntad de Dios en nosotros y a través de nosotros.

Oración: Espíritu del Dios vivo, renuévanos. Ayúdanos a confiar en que siempre estás actuando en nosotros, renovando nuestra identidad bautismal.

Vida eterna

Lecturas: Hch 20, 17-27; Jn 17, 1-11a

Escritura: "La vida eterna consiste en que te conozcan [todas las personas] a ti, único Dios verdadero, y a Jesucristo, a quien tú has enviado". (Jn 17, 3)

Reflexión: Apuesto a que, a lo largo de nuestra vida, muchos de nosotros hemos pasado bastante tiempo preguntándonos por la vida eterna que creemos que nos espera. De niña pensaba que era un paraíso lejano, y me imaginaba un parque infantil perfecto y pollo frito listo para comer. En mi adolescencia, cuando falleció mi abuelo, me imaginaba más bien una sala del trono en la que él sería bien recibido. Un poco más tarde, me centré en la imagen de Jesús yendo a preparar un lugar para nosotros, una de las muchas habitaciones o incluso mansiones en la casa de su Padre. Entendí estas imágenes de manera muy literal hasta llegar a la adultez temprana.

A medida que he ido experimentando más muertes de mis seres queridos, y más la sensación de que la vida misma es sagrada, no me preocupa tanto el aspecto que tendrá el cielo, como si se tratara de un lugar que puede identificarse por su decoración. El cielo no es simplemente un lugar lejano, y la vida eterna no es algo que comienza sólo después de la muerte. En el Evangelio de Juan, Jesús nos invita a empezar a experimentar la vida eterna aquí mismo, en nuestro propio entorno. Nos dice que la vida eterna es conocer al único Dios verdadero: *conocer* a Dios, no simplemente saber *sobre* Dios.

La vida eterna se experimenta en relación con el Dios que nos formó en el vientre materno, el Dios que camina con nosotros incluso cuando no somos conscientes, el Dios que nos corrige y nos reorienta, el Dios que envía a su Hijo y nos regala relaciones humanas que se convierten en parte del entramado de nuestro ser. Jesús enseña a sus seguidores la vida eterna en medio de un mundo que lo rechaza y lo rechazará. La vida eterna no es una recompensa por buen comportamiento; es simplemente el don de la relación más preciosa que jamás conoceremos.

Meditación: Cuando dirigimos nuestras esperanzas a conocer a Dios de un modo íntimo y real, vislumbramos la vida eterna a nuestro alrededor.

Oración: Espíritu del Dios vivo, renuévanos. En nuestros anhelos de encontrar un mundo distinto a éste o de reunirnos con los seres queridos que han fallecido, recuérdanos que todo lo que podamos imaginar será superado al conocerte de verdad.

Recarga espiritual

Lecturas: Hch 20, 28-38; Jn 17, 11b-19

Escritura: "Así como tú me enviaste al mundo, así los envío yo también al mundo". (Jn 17, 18)

Reflexión: ¿Te has preguntado alguna vez cuál es tu propósito en el mundo? Yo he tenido momentos en los que he sentido que necesitaba claridad. Esos momentos pueden llegar en tiempos de crisis, cuando nos preguntamos si estamos a la altura de la tarea que tenemos por delante. Incluso en la monotonía de nuestra rutina diaria es fácil caer en la autocomplacencia o la melancolía, y hasta sentirse un poco perdido.

Un amigo me preguntó hace poco: "¿Para qué estoy aquí realmente? ¿Estoy contribuyendo realmente al mundo?". Somos amigos desde hace mucho tiempo, así que, después de escucharlo un rato, pude compartir con él cómo siento que él marca la diferencia. Unos días después volví a hablar con él y le dije simplemente: "Jesús te envió a este mundo en este momento y en este lugar; ¡a él es a quien deberías preguntarle!". Creo que necesitaba un poco de recarga espiritual, y estuvo de acuerdo. De hecho, a ninguno de nosotros nos vendría mal que nos recordaran que Dios nos trajo aquí, Jesús nos ha enviado y el Espíritu nos acompaña.

El hecho de que Dios elija obrar en este mundo a través de *nosotros* es impresionante. Puede que hayamos elegido una manera diferente de salvar el mundo o de iniciar el reino de Dios, pero sin duda la sabiduría de Dios es mayor que la nuestra. Las dudas que podamos tener acerca de la capacidad de Dios para continuar la misión de Cristo son motivo de oración. A medida que nos acercamos a Dios, incluso para expresar nuestras carencias o admitir nuestra complacencia, se nos recuerda que estamos en una misión divina. No desperdiciaremos nuestras vidas, sino que las aprovecharemos sabiamente si permitimos que Dios obre a través de nosotros.

Meditación: ¿En qué momentos han dado evidencia de que están en una misión de Dios las palabras o los actos de otra persona? Hasta el acto más insignificante puede convertirse en una vía de encuentro llena de gracia y en un recordatorio de que Dios actúa entre nosotros. ¿A dónde puede enviarte Dios para que lleves su presencia hoy?

Oración: Espíritu del Dios vivo, renuévanos. Recuérdanos tu propósito para nuestras vidas y la promesa de Jesús de ayudarnos a dar testimonio de la verdad.

Saber amar

Lecturas: Hch 22, 30; 23, 6-11; Jn 17, 20-26

Escritura: "Padre, quiero que donde yo esté, estén también conmigo los que me has dado". (Jn 17, 24)

Reflexión: Cuando Jesús reza en las horas previas a su muerte, llama a sus seguidores (quizás a sus seguidores más cercanos) "los que Dios le ha dado".

No dudo ni por un segundo que Jesús creyera profundamente en la bondad de quienes caminaron con él durante su ministerio, compartieron las comidas con él, a veces trataron de protegerlo y siempre estuvieron cerca de él. Pero me viene a la memoria una escena del Evangelio de Mateo en la que un hombre presenta a su hijo para que lo sane e informa a Jesús que sus discípulos no pudieron efectuar una sanación o un exorcismo. La respuesta exasperada de Jesús nos ayuda a imaginarlo poniendo los ojos en blanco, incrédulo, o sacudiendo la cabeza, decepcionado de sus discípulos: "¡Qué generación tan incrédula y malvada! ¿Hasta cuándo estaré entre ustedes? ¿Hasta cuándo tendré que soportarlos?" (Mt 17, 17). Si alguna vez hubo escenas que pusieran de relieve la humanidad de Jesús, ¡sin duda ésta es una de ellas! Espera más de los que están más cerca de él y, a veces, se exaspera con ellos, de forma parecida a lo que nosotros podemos sentir a veces con nuestros hijos o con un colega de confianza. Pero, por supuesto, estos momentos de exasperación no borran el amor y la preocupación que sentimos por nuestros seres queridos, o que Jesús sentía por sus seguidores.

Jesús educó a sus discípulos en las cualidades de la divinidad, animándolos a confiar en un Mesías y en un reino muy diferentes de sus expectativas. Del mismo modo, los discípulos le proporcionaron una escuela de humanidad, ayudando a Jesús a ver dónde eran más necesarias la compasión y la paciencia. En la plenitud de su humanidad, Jesús valoró ciertamente a los discípulos tanto por sus experiencias como por su propia valía.

Meditación: Los cristianos a menudo han hecho hincapié en el Jesús divino o en el Jesús humano, como si fueran experiencias separadas. Es terriblemente difícil comprender que Jesús es a la vez plenamente divino y plenamente humano, como profesamos en nuestro credo. Tal vez sea mejor dejar de lado la preocupación por explicar las dos naturalezas de Jesús y simplemente dar el paso y abrazar a Jesús como él nos abraza a nosotros, incluso con todas nuestras debilidades.

Oración: Espíritu del Dios vivo, renuévanos. Ayúdanos a creer que Jesús nos abraza como dones de Dios, no porque seamos perfectos, sino porque él sabe amar.

Apacienta mis ovejas

Lecturas: Hch 25, 13b-21; Jn 21, 15-19

Escritura: Pedro se entristeció de que Jesús le hubiera preguntado por tercera vez si lo quería, y le contestó: "Señor, tú lo sabes todo; tú bien sabes que te quiero". Jesús le dijo: "Apacienta mis ovejas". (Jn 21, 17)

Reflexión: A lo largo de la orilla noroeste del Mar de Tiberíades (o Mar de Galilea), en un lugar conocido como Tabgha, hay una escultura de tamaño natural que conmemora el encuentro de Pedro con el Señor Resucitado. Situada cerca de la orilla, llama la atención por su sencillez, con Pedro arrodillado ante Jesús, la mano levantada y abierta mientras Jesús extiende la suya sobre el hombre que, apenas unos días antes, había negado conocerlo. En la hora más oscura de Jesús, Pedro no se había acercado a Jesús, ni siquiera había admitido conocerlo. Ahora Pedro tiene la oportunidad de expresar con palabras lo que debería haber dicho antes: que no sólo conoce a Jesús, sino que lo ama. Y lo que es aún más importante, Pedro recibe instrucciones de poner en práctica sus palabras cuando Jesús le dice: "Apacienta mis ovejas".

El amor no puede existir en un vacío. Requiere una relación mutua y debe plasmarse en nuestras acciones. Jesús demostró esta realidad una y otra vez en su ministerio. Se comprometió con personas necesitadas y con personas que no conocían su necesidad. Sanó y compartió comidas, y a veces alimentó milagrosamente a multitudes con muy poco alimento. De manera conmovedora, Tabgha es también el lugar que recuerda a Jesús alimentando a las multitudes con simples panes y peces. Aquel día, Jesús ya había alimentado a la multitud con enseñanzas desafiantes y llenas de esperanza, pero sabía que sus estómagos también necesitaban alimento.

Jesús le estaba diciendo a Pedro (y a todos los que profesan amar a Jesús, especialmente a los líderes) que el amor conlleva una responsabilidad. El amor no es tanto un sentimiento cuanto una decisión de alimentar a quienes nos rodean, de fortalecer a las personas y a las comunidades satisfaciendo las necesidades humanas más básicas de mente, cuerpo y espíritu.

Meditación: En los últimos días del Tiempo Pascual, las lecturas de las Escrituras nos desafían a abrazar la vida y el amor de Jesús para que el acontecimiento de la Pascua se convierta en una actitud pascual que dure todo el año. Reconocemos que los discípulos de Jesús deben amar como Jesús amó, convirtiendo nuestras palabras y deseos en acciones, siempre conscientes que las acciones amorosas demuestran el poder del bien sobre el mal, y de la vida sobre la muerte.

Oración: Espíritu del Dios vivo, renuévanos. Que nuestros líderes te amen y cuiden de tus ovejas, y que nosotros también aceptemos nuestra parte de responsabilidad.

Dar testimonio

Lecturas: Hch 28, 16-20. 30-31; Jn 21, 20-25

Escritura: Muchas otras cosas hizo Jesús y creo que, si se relataran una por una, no cabrían en todo el mundo los libros que se escribieran. (Jn 21, 25)

Reflexión: Si alguna vez has intentado contar la historia de una abuela u otro familiar a la siguiente generación, ya sabes lo difícil que es captar la esencia de esa persona. ¿Qué historias transmitirán su humor? ¿Cómo explicarías sus orígenes o su educación? ¿Qué recuerdos podrían ayudar a una nueva generación a conectar con ella? Y qué decir de las experiencias de otros miembros de la familia: ¿cómo incluir sus historias y recuerdos? Por supuesto, lo que incluyas también dependerá de lo que quieras lograr. ¿Quieres que crezcan amándola o simplemente que sepan de ella? Es una tarea difícil, ¿verdad?

Ahora imagina esas mismas preguntas y preocupaciones aplicadas a la transmisión de la historia de Jesús. En los primeros tiempos de la predicación sobre Jesús, la intención era clara: los evangelistas no estaban interesados en crear una biografía de una persona fascinante. Lo que querían era encender la llama de la fe y la esperanza que llevaría a sus oyentes y lectores a una relación con Jesús. Y así, de entre todas las cosas de las que fueron testigos, eligieron relatos que comunicaran eficazmente no sólo quién era Jesús, sino por qué eso era importante.

Los Evangelios dan testimonio del Hijo de Dios, que también es uno de nosotros. Dan testimonio de la verdad y la bondad de Dios, así como de la justicia y la misericordia necesarias para formar y sostener comunidades. Los evangelistas aportan lo suficiente para atraernos y encender nuestra fe. Ahora nos toca a nosotros descubrir cómo Dios sigue actuando a través de Jesús para crear y mantener una relación de por vida.

Meditación: Acostúmbrate a reflexionar sobre tu vida como seguidor de Cristo. ¿Qué historias de las Escrituras te han hablado más claramente en distintos períodos? ¿Qué te gustaría que los demás supieran acerca de tus propios encuentros con Jesús o de las lecciones que has aprendido en el camino?

Oración: Espíritu del Dios vivo, renuévanos. Permítenos descubrir que la Buena Nueva de Jesús sigue viva en medio de nosotros, sigue siendo demasiado vasta para contenerla y sigue siendo relatada a través del testimonio sagrado de nuestras vidas.

Mejorar el suelo

Lecturas: Hch 2, 1-11; 1 Cor 12, 3b-7. 12-13 o Rom 8, 8-17; Jn 20, 19-23 o 14, 15-16. 23b-26

Escritura: Envía, Señor, tu Espíritu, a renovar la tierra. (Sal 104, 30)

Reflexión: Nuestro rostro revela a menudo lo que nos sucede por dentro física, mental y espiritualmente. ¿Qué revela la faz de la tierra cuando la belleza y la serenidad conviven con la contaminación y los campos de batalla? ¿O cuando la creatividad y la preocupación por el bien común se ven superadas por el conformismo estéril y el acaparamiento egoísta? ¡A nuestra tierra no le vendría mal una restauración! Aunque no podemos volver al idílico Edén de los relatos de la creación, podemos invitar al Espíritu de Dios a que nos ayude a formar parte de la renovación que tan desesperadamente necesitamos.

El mismo Espíritu o aliento de Dios que se cernía sobre el caos de la tierra en el primer relato de la creación todavía se cierne sobre nosotros. Lo vemos en sus frutos, que Pablo describe a los Gálatas como caridad, alegría, paz, comprensión de los demás, bondad, generosidad, fidelidad, mansedumbre y dominio de sí mismo (Gal 5, 22-23). Si pudiéramos revelar lo que sucede debajo de la superficie de nuestro planeta, ¿encontraríamos esas virtudes o más bien rivalidad, celos, envidia, inmoralidad y egocentrismo? Sabemos que lo que hay debajo de la superficie alimenta lo que crece sobre ella.

El Espíritu nos ayudará a enmendar el suelo bajo el caos si también estamos dispuestos a hacer parte del trabajo de labrar, fertilizar y plantar. ¿Cómo podría ser eso? Atender las necesidades de los enfermos, comprometernos respetuosamente con las personas que son diferentes de nosotros, negarnos a ceder a la venganza, aprender a limitar nuestro consumo excesivo de bienes, estar al lado de los que son tratados injustamente, dar y recibir perdón . . . Éstas son sólo algunas de las cosas que hacen de nuestras vidas la tierra sana que producirá buenos frutos.

Meditación: A menudo nos sentimos abrumados por la enormidad de los males del mundo y el volumen del ruido odioso que nos rodea. En cambio, en este día en que celebramos la presencia del Espíritu entre nosotros, pídele que te inunde de compasión, fuerza de voluntad, resiliencia y esperanza. Dedica tiempo a la quietud de la oración, que te orientará hacia los propósitos de Dios.

Oración: Espíritu del Dios vivo, renuévanos. Multiplica nuestros esfuerzos por ser parte de la restauración de la belleza de la tierra cuidándonos unos a otros y abrazando tu visión de nuestra existencia.

Referencias

Introducción

Heschel A. J. (2011). *Essential Writings* (Escritos Esenciales). (S. Heschel, Ed.). Modern Spiritual Masters Series (Serie Maestros Espirituales Modernos). Maryknoll, Nueva York: Orbis Books.

24 de abril: Jueves de la octava de Pascua

La historia detrás de la letra de "Estoy bien con mi Dios" se puede encontrar utilizando una simple búsqueda en Internet. Una de ellas es staugustine.com, en un artículo del 16 de octubre de 2014.

25 de abril: Viernes de la octava de Pascua

El libro *Orthodoxia* de G. K. Chesterton se publicó por primera vez en Inglaterra en 1908. Su observación sobre lo conocido y lo desconocido se encuentra en el capítulo 1.

9 de mayo: Viernes de la tercera semana de Pascua

Tomás de Aquino habla de la humildad en *Summa Theologica*, 161 (escrita a finales del siglo XIII).

10 de mayo: Sábado de la tercera semana de Pascua

"Nuestra elección sobre a quién o qué seguir, a quién o qué amar, lo determinará todo" se inspira en los escritos de Pedro Arrupe, SJ, misionero en Japón, y vigésimo octavo superior general de la Compañía de Jesús.

14 de mayo: San Matías
A Tertuliano de Cartago se le atribuye la autoría de la obra del siglo II *Apologeticus.*

21 de mayo: Miércoles de la quinta semana de Pascua
Wiederkehr M. (2011). *Abide: Keeping Vigil with the Word of God* (Manteniendo la vigilia con la Palabra de Dios). Collegeville, Minnesota: Liturgical Press.

22 de mayo: Jueves de la quinta semana de Pascua
Nouwen, H. (2017). *You Are the Beloved: Daily Meditations for Spiritual Living* (Tú eres mi amado: Meditaciones diarias para la vida espiritual). (G. Earnshaw, Ed.). Colorado Springs: Convergent Books.

Day, D. (2008). *The Duty of Delight: The Diaries of Dorothy Day* (El deber del deleite: Los diarios de Dorothy Day). (R. Ellsberg, Ed.). Milwaukee: Marquette University Press.

29 de mayo: Jueves de la sexta semana de Pascua
Brueggemann, W. (2007). *Praying the Psalms: Engaging Scripture and the Life of the Spirit* (El mensaje de los Salmos: Comprometiéndose con la Escritura y la vida del espíritu). (2ª ed.). Eugene, OR: Cascade Books.